永久保存版

レンズが撮らえた

外国人カメラマンの見た幕末日本 I

馬で行く（放送大学附属図書館蔵）

レンズが撮らえた 外国人カメラマンの見た 幕末日本 I 〈永久保存版〉 目次

外国人カメラマンが撮った幕末 ●三井圭司 ……4

占拠された前田砲台　富士山巡礼を終えたロングフェローの一行　スフィンクス
前の遣欧使節一行　鎧姿の河津祐邦　田中光儀　長州藩のイギリス留学生一行
勝麟太郎　鈴木長吉　徳川慶喜　衣冠姿の徳川昭武　甲冑を着けた窪田鎮章
岩倉具視　他

幕末の写真師たち

横浜の外国人写真家たち ●斎藤多喜夫 ……34

成仏寺本堂前の宣教師と家族たち　本覚寺　谷戸橋と関門番所　吉田橋
横浜フリーメーソン館　建設中の横浜停車場　茶器を持つ娘　堀川と元町
生麦事件の現場　他

碧い眼がとらえた英傑たち ●石黒敬章 ……70

ワシントン造船所での遣米使節一行　文久使節団の正副使一行　森鉢太郎
榎本武揚　沢太郎左衛門　岩倉使節団一行　大久保利通　村田新八　福地源一郎
明治天皇　他

ジャック゠フィリップ・ポトーが撮った日本人 ●フィリップ・グローバー ……92

高松彦三郎　堀江六五郎　田辺太一　池田筑後守長発
斎藤次郎太郎　塩田三郎　西吉十郎　斎藤健次郎　すみ　他

寝姿（日本大学芸術学部蔵）

文久遣欧使節を写した
外国人写真師 ●アリス・ゴーデンカー……110
ヨーロッパへの日本の大使　太田源三郎　杉新助　松木弘安　淵邊徳蔵
箕作秋坪　福沢諭吉　他

初めてダゲレオタイプに
写された日本人 ●鳥海早喜……124
松前勘解由と従者像　石塚官蔵と従者像　田中光儀像　野々村市之進像
遠藤又左衛門と従者像　利七　慎兵衛　岩蔵　亀蔵　仙太郎　他

初期写真に見る幕末明治の服飾 ●藤井裕子……138

古写真と浮世絵 ●松本健……146
親友　散歩　田舎の娘　他
溜池の落し口　向島より今戸橋を望む　両国橋遠景

外国人カメラマンのプロフィール ●天野圭悟……153

外国人カメラマンの日本初期写真史年表 ●天野圭悟……157

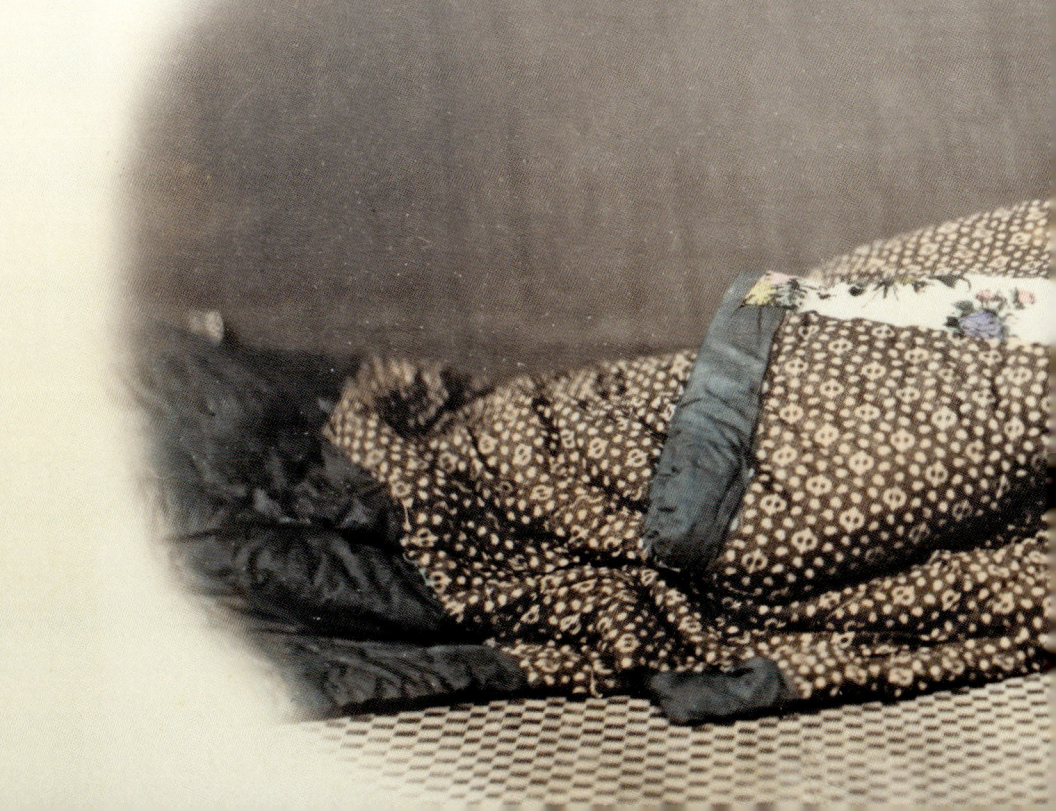

編集協力　有限会社 リゲル社・古藤祐介・道倉健二郎
装　丁　有限会社 グラフ

外国人カメラマンが撮った幕末

三井圭司　東京都写真美術館学芸員

幕末は、日本に写真が流入し、技術が一般化する時期である。これは世界的写真史から見れば、技術が普及し始めてから30年が経過しようとする時期だった。同時に幕末は300年継続した権力構造が老朽化し、新たなシステムへと転換する時期でもある。ここにオーバーテクノロジーを以って参入したのが欧米諸国である。このテクノロジーの一つが写真であり、外国人写真師はその象徴だった。彼らは、使い慣れた技術で日本の人と風景、そして、風俗を写して欧米社会へ還元した。

他方、彼らが技術を日本人に伝えたことで、写真文化が芽吹き普及していった。つまり、外国人が撮った幕末の写真は、日本写真文化の原点なのである。高度な技術で捉えられた侍たちの姿、幕末日本の真景を篤とご覧戴きたい。

4

占拠された前田砲台（横浜開港資料館蔵）
撮影者：フェリーチェ・ベアト　撮影地：現山口県下関市　撮影年：元治元年（1864）
鶏卵紙。元治元年8月5日、前年の馬関攘夷戦の報復のため、イギリス・フランス・オランダ・アメリカの4国連合艦隊17隻が長州下関に来襲、艦砲射撃を加えたあと上陸、長州軍の砲台を占拠した。

富士山巡礼を終えたロングフェローの一行（日本カメラ博物館蔵）
撮影者：フェリーチェ・ベアト　撮影地：不詳　撮影年：明治5年（1872）
鶏卵紙。手彩色。駕籠に乗っているのはアメリカ人旅行家ロングフェロー（左）とジェサップ（右）。
ロングフェローは明治4年から約1年8ヶ月日本に滞在し、長崎、大阪、京都をはじめ北海道にも足をのばしアイヌの集落を訪れたり、富士登山まで敢行した。

スフィンクス前の遣欧使節一行 （横浜美術館蔵）

撮影者：アントニオ・ベアト　撮影地：エジプト　撮影年：元治元年（1864）鶏卵紙。アントニオ・ベアトはフェリーチェ・ベアトの兄。池田長発を正使とする遣欧使節団一行はエジプトのスエズに寄港した際、ピラミッドとスフィンクスに出かけ記念撮影をした。

鎧姿の河津祐邦（川崎市市民ミュージアム蔵）
撮影者：フェリックス・ナダール　撮影地：フランス・パリ　撮影年：元治元年（1864）
鶏卵紙。幕臣・旗本。河津伊豆守は、幕府の遣欧使節団がフランスの皇帝ナポレオン3世に謁見する際に、日本から持参した鎧具足を着用、その姿に皇帝は大いに満足したという。

田中光儀（川崎市市民ミュージアム蔵）
撮影者：フィリップ・ポトー　撮影地：フランス・パリ　撮影年：元治元年（1864）
鶏卵紙。直垂・長袴姿で椅子に腰を下ろし、太刀を持った姿で撮影されている。フランスの皇帝に謁見のために日本から持参したものと考えられる。光儀（廉太郎）は外国奉行支配調査役後に遣欧使節団に参加、維新後、民部省監督大佑を務めた後、豊岡県参事兼六等判事等を経た。

河津祐邦（三宅立雄氏蔵、流通経済大学三宅雪嶺記念資料館協力）
撮影者：不詳　撮影地：不詳　撮影年：元治元年（1864）
鶏卵紙。箱館奉行支配組頭、新徴組頭となる。文久3年（1863）、フランスに行くに
あたり外国奉行となり、副使に任命される。帰国後、外国事務総裁や若年寄を歴任した。

長州藩のイギリス留学生一行（萩博物館蔵）
撮影者：モール　撮影地：イギリス・ロンドン　撮影年：慶応元年（1865）頃
鶏卵紙。写真右奥は伊藤博文（俊輔）、右手前に山尾庸三、奥中央に野村弥吉（井上勝）、左奥に遠藤謹助、椅子に腰掛けているのが志道聞多（井上馨）。後に伊藤博文は初代内閣総理大臣、山尾庸三は工部省官吏となり、野村弥吉は鉄道事業、遠藤謹助は近代日本紙幣の祖として知られ、志道聞多は外務卿等を務めた。

勝 麟太郎（勝芳邦氏蔵）

撮影者：ウィリアム・シュー　撮影地：アメリカ・サンフランシスコ　撮影年：万延元年（1860）

鶏卵紙。写真は、渡米の際、サンフランシスコで撮影されたもの。勝自身がたわむれで頬に朱を着色したと伝えられる。勝は、安政2年（1855）、長崎海軍伝習所に幕府の伝習生監督（教授方取締）となる。万延元年、遣米使節団に参加。伝習の一環として咸臨丸艦長（教授方取締）として太平洋横断。その後、軍艦奉行並を務め神戸海軍伝習所を設立。戊辰戦争時には、江戸城無血開城を果たす。維新後、海軍卿となるも、まもなく辞す。主な著書に『陸軍歴史』『海軍歴史』『開国起源』。

鈴木 長吉（三澤農子氏蔵）

撮影者：ウィリアム・シュー　撮影地：アメリカ・サンフランシスコ　撮影年：万延元年（1860）

鶏卵紙。伊豆国賀茂郡河津村生まれ。安政元年（1854）、ロシア軍艦ディアナ号が下田停泊中に大津波で沈没。この時ロシア人を帰国させるための船「ヘダ号」が建造された。その際、長吉は船匠として参加。万延元年の遣米使節団に大工頭として随行する。

14

福沢諭吉とアメリカ娘（慶応義塾福澤研究センター蔵）
撮影者：ウィリアム・シュー　撮影地：アメリカ・サンフランシスコ　撮影年：万延元年（1860）
鶏卵紙。福沢は、万延元年、木村摂津守喜毅の従者として遣米使節団に参加した。写真の福沢の隣の女性はサンフランシスコの写真館の令嬢。福沢はアメリカ滞在中は写真のことは内緒にして、ハワイを離れてから船中の乗組員に見せびらかしたというエピソードがある。後に福沢は文久2年（1862）の遣欧使節団にも参加。明治政府から出仕を求められるが固辞し、慶応義塾を開く。

徳川慶喜（茨城県立歴史館）

撮影者：フレデリック・サットン　撮影地：大坂城か　撮影年：慶応3年（1867）鶏卵紙。慶応3年、慶喜は大坂城でイギリス、フランス、オランダの各国公使と謁見した。写真はイギリス公使パークスとの謁見の時の装束で、小直衣で出席した。このときの模様は版画（下図）に変換され、日本の将軍としてヨーロッパに紹介された。撮影したのはイギリス・サーペント号の機関長サットン大佐。

大坂城大広間での謁見の様子
（『ザ・イラストレイテッド・ロンドン・ニューズ』1867年8月10日号）

徳川慶喜（茨城県立歴史館）
撮影者：フレデリック・サットン　撮影地：京都　撮影年：慶応3年（1865）
鶏卵紙。将軍時代の慶喜。右写真と同じく慶応3年3月28日、大坂城でイギリス、フランス、オランダ各国公使と謁見した際に撮影された。

池田筑後守長発（三宅立雄氏蔵、流通経済大学三宅雪嶺記念資料館協力）
撮影者：ナダール　撮影地：フランス・パリ　撮影年：元治元年（1864）
鶏卵紙。正使池田長発の記念撮影。

池田長発（横浜美術館蔵）
撮影者：ナダール　撮影地：フランス・パリ　撮影年：元治元年（1864）
鶏卵紙。外国掛目付となり、翌年筆頭目付を経て、外国奉行に転任。文久3年の遣仏使節団の正使に任命される。帰国後、軍艦奉行を経、維新後は近代教育に尽力した。

18

田辺太一
(三宅立雄氏蔵、流通経済大学三宅雪嶺記念資料館協力)
撮影者:ナダール　撮影地:フランス・パリ　撮影年:元治元年（1864）
鶏卵紙。甲府徽典館教授を経て、外国方書物方出役となり、文久元年（1861）、外国奉行支配組頭へ昇進。遣仏使節団に参加。慶応3年（1867）の徳川昭武使節団にも随行。維新後は外交官として活躍。

三宅復一
(三宅立雄氏蔵、流通経済大学三宅雪嶺記念資料館協力)
鶏卵紙。撮影者:ピエール・プティ　撮影地:フランス・パリ　撮影年:元治元年（1864）
鶏卵紙。蘭方医三宅艮斎の長男。遣仏使節団には、田辺太一の従者として参加。帰国後、初代東京大学医学部長等を歴任した。

第一回遣欧使節一行（川崎市市民ミュージアム蔵）
撮影者：ナダール　撮影地：フランス・パリ　撮影年：文久2年（1862）
鶏卵紙。文久2年にパリで撮影。右から立広作（定役並通弁御用）、高松彦三郎（小人目付）、川崎道民（御雇医師）、福地源一郎（定役並通弁御用）、太田源三郎（神奈川奉行御雇通弁）、柴田貞太郎（外国奉行支配組頭）、上田友助（外国奉行支配定役取締）、日高圭三郎（勘定役）、森鉢太郎（外国奉行支配定役）。

斎藤大之進（港区立港郷土資料館蔵）
撮影者：不詳　撮影地：フランス・パリ　撮影年：文久2年（1862）
鶏卵紙。ロンドンを訪れた際に、ビクトリア女王から銀製賞牌及び賞状を授与された。

日高圭三郎（港区立港郷土資料館蔵）
撮影者：不詳　撮影地：フランス・パリ　撮影年：文久2年（1862）
鶏卵紙。万延遣米使節団に勘定役で参加。文久遣欧使節団にも勘定役で渡欧後、砲兵差図役頭取を経て、維新後、大蔵省印刷局六等となった。

福地源一郎（港区立港郷土資料館蔵）
撮影者：不詳　撮影地：フランス・パリ　撮影年：
文久2年（1862）
鶏卵紙。外国奉行支配通弁雇として翻訳活動に従事。文久遣欧使節団には森山多吉郎の力添えもあり、外国奉行支配同心格通弁御用で参加。

松木弘安（寺島宗則）（港区立港郷土資料館蔵）
撮影者：不詳　撮影地：フランス・パリ　撮影年：
文久2年（1862）
鶏卵紙。岡崎藤左衛門を窓口として使節団に参加。肩書は松平薩摩守家来翻訳方兼医師。松木は箕作秋坪・福沢諭吉らと行動を共にする事が多かった。

立　広作（港区立港郷土資料館蔵）
撮影者：不詳　撮影地：フランス・パリ　撮影年：文久2年（1862）
鶏卵紙。文久使節団には外国奉行定役格通弁御用として最年少（17歳）で参加。

福田作太郎（港区立港郷土資料館蔵）
撮影者：不詳　撮影地：フランス・パリ　撮影年：文久2年（1862）
鶏卵紙。文久使節団には京極高朗の推薦で勘定格徒目付として参加。実質上の六ヵ国探索責任者で、その記録を『福田作太郎筆記』に残した。

衣冠姿の徳川昭武（松戸市戸定歴史館蔵）
撮影者：ディスデリ　撮影地：フランス・パリ　撮影年：慶応3年（1867）
鶏卵紙。昭武がパリで留学生活するために借りていた屋敷で撮影された。慶応3年、パリ万博に将軍名代として参加。フランスでは将軍徳川慶喜の実弟として紹介された。帰国後、水戸藩知事となり、廃藩置県を迎える。明治9年（1876）には、アメリカ万博御用掛を務め、その後フランスに再留学。晩年は写真を趣味とした。

徳川昭武（松戸市戸定歴史館蔵）
撮影者：ディスデリ　撮影地：フランス・パリ
撮影年：慶応3年（1867）
鶏卵紙。

狩衣姿の山高信離 （松戸市戸定歴史館蔵）

撮影者：ディスデリ　撮影地：フランス・パリ　撮影年：慶応3年（1867）鶏卵紙。兄は堀利煕。元治元年（1864）、目付となり、慶応3年にはパリに昭武傅役として随行。帰国後、博物館行政に携わる。明治27年（1894）、初代帝国京都博物館兼帝国奈良博物館長となった。撮影場所右写真と同じく、昭武がパリで留学生活するために借りていた屋敷。

山高信離 （松戸市戸定歴史館蔵）

撮影者：ディスデリ　撮影地：フランス・パリ　撮影年：慶応3年（1867）鶏卵紙。

若い侍たち（国際日本文化研究センター蔵）
撮影者：フェリーチェ・ベアト　撮影地：不詳　撮影年：慶応4年（1868）
鶏卵紙。手彩色。戊辰戦争の頃に写された薩摩藩の侍たち。刀を前に置く写真中央の侍が上士か。後列には筒袖・詰襟の官軍スタイルの侍が並ぶ。

甲冑を着けた窪田鎮章（長崎大学附属図書館蔵）
撮影者：フェリーチェ・ベアト　撮影地：不詳　撮影年：元治元年（1864）
鶏卵紙。鎧下着・袴、そして頬当や佩楯を付け、具足を身にまとい、完全武装甲冑の武士。
具足の上から陣羽織を着用している。

岩倉具視（三宅立雄氏蔵、流通経済大学三宅雪嶺記念資料館協力）
撮影者：不詳　撮影地：アメリカ　撮影年：明治5年（1872）
明治4年11月12日（旧暦）、明治政府より右大臣岩倉具視を特命全権大使とする遣欧米使節団（岩倉使節団）がアメリカ、そしてヨーロッパに向けて出発。帰国は1873年9月13日（新暦）、1年10ヶ月の長期にわたった。

石黒寛・二杉新助・重兵衛（右より）（石黒敬章氏蔵）
撮影者：デイヴィス　撮影地：ロンドン　撮影年：文久2年（1862）
鶏卵紙。

名古屋城大天守（長崎大学附属図書館蔵）

撮影者：アドルフォ・ファルサーリ　撮影地：名古屋城　撮影年：明治期

鶏卵紙。手彩色。大天守は五重五階。地下一階の層塔式天守。昭和20年（1945）、戦災で焼失する。現在の大天守は外観復元したもの。

坂下門と本丸富士見三重櫓（厚木市郷土資料館蔵）

撮影者：フェリーチェ・ベアト　撮影地：江戸城　撮影年：明治初期

鶏卵紙。写真左より江戸城の坂下門、富士見櫓、蓮池巽三重櫓が見える。明治3年（1870）の火薬庫の爆発により正面の箪笥多聞と蓮池巽三重櫓は焼失したが、万治2年（1659）に再建の富士見櫓は現存している。

坂下門前付近から見た二の丸蓮池巽三重櫓（日本大学芸術学部蔵）
撮影者：フェリーチェ・ベアト　撮影地：江戸城　撮影年：明治初期
鶏卵紙。左より蓮池巽三重櫓、玉薬多聞、右に張り出して御弓多聞、寺沢二重櫓、下乗門桝形の多聞、さらに張り出して巽奥三重櫓（遠方の三重櫓）と続く。蓮池巽三重櫓の規模は7間×6間。明治3年（1870）の火災で惜しくも焼失した。

小田原城南曲輪（鷹部屋曲輪）東櫓（長崎大学附属図書館蔵）
撮影者：ライムント・フォン・シュティルフリート　撮影地：小田原城　撮影年：明治3年（〜1870）頃
鶏卵紙。東櫓は、上層の屋根には軒唐破風が施され、装飾性の高い櫓となっている。手前に見える小さな橋は馬出曲輪の小峯橋。

寄り添う女性たち（長崎大学附属図書館蔵）
撮影者：ライムント・フォン・シュティルフリート　撮影地：横浜　撮影年：明治初年
鶏卵紙。手彩色。シュティルフリートの撮影で、よく似たポーズが見られるが、日本人写真師にも参考にされた構図である。

刺青姿の男性（長崎大学附属図書館蔵）
撮影者：ライムント・フォン・シュティルフリート　撮影地：横浜　撮影年：明治初年
鶏卵師。手彩色。壁にもたれた男性の刺青写真。江戸時代、刺青は男意気を示すものとして入れられ、博徒・火消し・鳶・飛脚など肌を露出する職業では多く見られた。しかし明治後に刺青を入れる行為は禁止された。

笑う女性（長崎大学附属図書館蔵）
撮影者：アドルフォ・ファルサーリ　撮影地：不詳　撮影年：不詳
鶏卵師。手彩色。明治期の横浜で、外国人のお土産として売られた写真は横浜写真と呼ばれるが、その中でひときわ光り輝いた女性モデルである。彼女は横浜写真ばかりでなく、明治30年代のお土産写真のトップ・モデルである。

鴨川四条付近（長崎大学附属図書館蔵）
撮影者：アドルフォ・ファルサーリ　撮影地：京都　撮影年：明治19年（1886）頃
鶏卵師。手彩色。鴨川の納涼床の光景。仮設された納涼床の上に提灯や行灯が置かれ、客と芸舞妓が興じている様子がうかがえる。写真中央背後に比叡山が霞んで見える。

幕末の写真師たち

甘酒売り（日本大学芸術学部蔵）

横浜の外国人写真家たち

斎藤多喜夫　古写真研究家

浜田彦蔵（播磨町郷土資料館蔵）
撮影者：不詳　撮影地：アメリカ　撮影年：不詳
漂流者となったがアメリカの船に助けられ、その後アメリカに帰化しジョセフ・ヒコと称した。

世界に羽ばたく外国人カメラマンたち

一八三五年、アフリカ西海岸で、最後の大物海賊と呼ばれたパンダ号が拿捕され、安全な航海への期待が膨らんだ。五年後の一八四〇年にはもうイギリスのP&O汽船会社（Peninsular & Oriental Steam Navigation Co.）がエジプトのアレクサンドリアまで郵便船を就航させている。

同じ一八三五年、イギリスのタルボット（William Henry Fox Talbot, 1800-1877）がカロタイプ、四年後の一八三九年にはフランスのダゲール（Louis Jacques Mandé Daguerre, 1787-1851）がダゲレオタイプを考案し、写真が実用の段階に入る。さらに一八五一年、イギリスのアーチャー（Frederick Scott Archer, 1813-1857）が湿板写真法を発明した。ダゲレオタイプは金属板上の感光膜に直接ポジ像を定着させるため、一枚の写真しか得られないのに対して、これはネガ像をガラス面上に作成し、それを印画紙に焼き付けてポジ像を得る方法なので、マス・プロが可能であり、一枚当たりの単価も安くなり、写真がビジネスとして成り立つ条件が整った。

写真術を身につけたイメージ・ハンターたちが、安全になった海の道を利用

34

ウィルソン撮影の成仏寺本堂前の宣教師と家族たち
（横浜開港資料館蔵）

ウィルソン撮影の本覚寺
（横浜開港資料館蔵）

大築尚志（沼津市明治史料館蔵）
撮影者：フリーマン　撮影地：横浜　撮影年：万延元年（1860）
佐倉藩士から幕臣になる。幕府の近洋式軍隊で歩兵差図役となる。維新後、徳川家の駿河移封に従い駿河へ。沼津兵学校創設に尽力した。

東からやってきた写真家たち

日本に最初に足跡を印したのはアメリカの写真家だった。嘉永六年（一八五三）、ペリー提督の率いる日本遠征隊の随員として来日したエリファレット・ブラウン・ジュニア（Eliphalet Brown Jr. 1816-1886）である。ブラウンが寄港地の風景や日本人を撮影したダゲレオタイプの写真は、『ペリー艦隊日本遠征記』の挿絵の原画として利用されたが、その後失われた。現存が確認されているのは、被写体となった日本人に贈与された六枚だけである。そのうちの一枚、通訳名村五八郎の写真が横浜で撮影されたとすると、日本で撮影された現存最古の日本人の写真だと言える。他の二枚は下田、三枚は函館で撮影されたものと考えられている。

日本で最初の営業写真館を開いたのもアメリカ人だった。安政六年（一八五九）の終わりか翌年の初め、フリーマン（Orrin Erastus Freeman, 1830-1866）が上海から来日し、横浜に写真館を開設、しかし二年程で事業を鵜飼玉川に譲り、雑貨商に転身してしまった。忘却の彼方に沈んでしまったフリーマンだが、万延元年（一八六〇）八月、旧幕臣の洋学者・軍人大築尚志を写したフリーマンの湿板写真が沼津市明治史料館に現存しており、存在の証しとなっている。

万延元年には、商人のような、写真家のような、元船乗りのジョン・ウィルソン（John Wilson, 1816-1868）が来日する。写真家としてはプロイセンの使節団に雇われ、江戸と横浜で撮影を行った。文久二年（一八六二）初頭、日本を離れる時に下岡蓮杖にカメラを譲った「ウンシン」として日本の文献に名を残している。

カメラマンたちは、東からやってきた。西からはインド洋を越え、一八五〇年代には日本に到達する。政府の使節団の随員として、ヴェンチャー企業をスポンサーとして、あるいは商人との二足の草鞋を履いて…。れっきとしたプロだけではなく、アマチュアに毛が生えた程度のセミプロもいた。

し、世界を股にかけて活動するまで、たいして時間はかからなかった。一八五一年、のちにアメリカに帰化してジョセフ・ヒコらを含む日本人漂流民が、救助されたアメリカ船上でマークス（Harvey R.Marks）によってダゲレオタイプに収められ、日本人の被写体第一号となった。

フランスの使節団長グロ男爵
(福井市立郷土歴史博物館蔵)

イギリスの総領事オールコック
(東京都写真美術館蔵)

ロシエ撮影の冬の衣装の日本の婦人
(横浜開港資料館蔵)

ソンダース撮影の谷戸橋と関門番所
(横浜開港資料館蔵)

西からやってきた写真家たち

　安政五年（一八五八）七月、日本とアメリカとの間で通商条約が調印されると、九月にかけて各国の使節団が来日した。イギリスの使節団には湿板写真の心得のあるナソー・ジョスリン（William Nassau Jocelyn, 1832-1892）が随行しており、フランスの使節団長グロ男爵（Jean-Baptiste Louis Gros, 1793-1870）は自身が写真家だった。一八六〇年に来日したプロイセンの使節団も湿板写真機を携えていたが、撮影に当たったビスマルク（Carl Bismarck, 1839-1879）やザッハトラ（August Sachtler, 1838/39-1873）はアマチュア程度の技術しか持っておらず、そのためにアメリカ人のジョン・ウィルソンが現地雇用されたのだった。

　安政六年七月一日、横浜開港。それに先立つ六月二十六日、イギリス総領事（のち公使）オールコックが軍艦サンプソン号に乗って江戸に来航、この船にはロシエ（Pierre Joseph Rossier, 1829-1872）というスイス人プロカメラマンが同乗しており、さっそく江戸から横浜にかけて撮影を行った。イギリスのネグレッティ＆ザンブラ社というヴェンチャー企業から派遣

36

モーザー撮影の吉田橋 (横浜開港資料館蔵)

ロシエ撮影の開港時の横浜の集落 (横浜開港資料館蔵)

モーザー撮影の横浜フリーメーソン館 (横浜開港資料館蔵)

ロシエ撮影の神奈川宿 (横浜開港資料館蔵)

モーザー撮影の建設中の横浜停車場 (横浜開港資料館蔵)

ロシエ撮影の神奈川湊 (横浜開港資料館蔵)

されたのだった。ロシエが日本で写したステレオ写真はViews in Japanと題する組写真としてネグレッティ&ザンブラ社から発売された。そのかなりの数が現存している。

三年後の文久二年（一八六二）には、上海で森泰象館という写真館を経営していたイギリス人ソンダース（William Saunders, 1832-1892）が来日し、横浜を拠点に江戸や鎌倉などを撮影して回った。離日に先立ち、六枚組の横浜全景や五枚組の江戸全景を含む計八五枚の写真の展示即売会を開いている。残念ながらそのうち現存するものはわずかだが、かなりの技術をもった写真家だったと推測される。

明治二年（一八六九）に来日したオーストリア＝ハンガリー帝国の使節団にはバーガー（Wilhelm Burger, 1844-1920）という写真家が随行しており、長崎や横浜で撮影を行った。助手として同行したミハエル・モーザー（Michael Moser, 1853-1912）は横浜に定住、一八七〇年にイギリス人ブラックが創刊した写真貼り込み新聞『ファー・イースト』のカメラマンに起用され、「古き日本」と「若き日本」が交錯する江戸や横浜の風景を撮影し、紙面を貴重な記録写真で飾った。

ベアト撮影の山手より吉田新田を望む
（日本大学芸術学部蔵）

ベアト撮影の不動坂より根岸海岸を望む
（厚木市郷土資料館蔵）

ベアト撮影の堀川と元町
（長崎大学附属図書館蔵）

ベアト撮影の生麦事件の現場
（横浜美術館蔵）

横浜に腰を落ち着けた写真家たち

　横浜で最初に写真館を開いたのはフリーマンだが、長続きしなかった。最初に腰を落ち着けたのはイギリス人のパーカー（Charles Parker、生没年不明）、文久三年（一八六三）春のことだった。パーカーが横浜の英字紙『ジャパン・ヘラルド』に出した広告を見ると、薩英戦争や外国公使団の大阪・兵庫遠征に随行した可能性がある。残念ながらその写真は知られていないが、もし発見されればビッグニュースになるだろう。

　一足遅れて来日したベアト（Felice Beato, ca.1834-1909）は、もとヴェネツィア領でのちにギリシャ領となる当時イギリス領のコルフ島の出身、イタリア系だがイギリス国籍という複雑な出自の持ち主だった。クリミア戦争の従軍写真家としてキャリアを開始、東地中海、インド、中国と撮影旅行を続けたのち、横浜にやってきた。明治の初めにかけて、横浜のスタジオで肖像写真の依頼に応じつつ、日本各地を旅行して、格調の高い風景写真を数多く残している。
　また従軍写真家としてのキャリアを活かして、元治元年（一八六四）の英仏蘭

米四か国連合艦隊の下関砲撃や明治四年（一八七一）のアメリカの朝鮮遠征（朝鮮では「辛未洋擾」と呼ぶ）に従軍した。明治元年以降、収集した写真をアルバムにまとめて販売したので、ベアトの作品は現在も世界各地に残されている。
　明治四年に写真館を開いたライムント・フォン・シュティルフリート（Raimund von Stillfried-Ratenicz, 1839-1911）はオーストリアの貴族の出身、明治十年にベアトの写真館を継承した。翌年辞めてしまうが、写真館は共同経営者のアンデルゼン（Hermann Andersen、生没年不明）とダグラス（John Douglas、生没年不明）らがシュティルフリート＆アンデルゼンの名で経営を続けた。ところが二年後の明治十二年にライムントの兄のフランツ（Franz von Stillfried-Ratenicz, 1837-1916）が来日し、シュティルフリート男爵スタジオを開設したのでややこしいことになった。シュティルフリート・ブランドを売りにする写真館が二つ存在することになったのだ。
　このややこしい事態は明治十七年に両者が合併することで解消された。翌年にはそれがイタリア人ファルサーリ（Adolfo Farsari, 1841-1898）に譲渡された。
　一八八〇年代中頃から一九〇〇年頃にかけて、美麗に彩色された風景・風俗写真や

シュティルフリート＆アンデルゼン撮影の駕篭
（国際日本文化研究センター蔵）

シュティルフリート撮影の横浜外国人居留地本町通り
（横浜開港資料館蔵）

ベアト撮影の神奈川台町の関門
（厚木市郷土資料館蔵）

ファルサーリ撮影の元町増徳院薬師堂前の雪景色
（長崎大学附属図書館蔵）

シュティルフリート撮影の高島町遊郭
（横浜開港資料館蔵）

ベアト撮影の化粧品を使う女性
（横浜開港資料館蔵）

ファルサーリ撮影の依田橋より富士山を望む景
（長崎大学附属図書館蔵）

シュティルフリート＆アンデルゼン撮影の三味線を弾く女
（国際日本文化研究センター蔵）

シュティルフリート撮影の元町百段（横浜開港資料館蔵）

螺鈿・蒔絵の豪華な表紙のアルバムで知られる横浜写真の全盛期が訪れるが、ファルサーリは日下部金兵衛、玉村康三郎とともに、横浜写真の全盛期を代表する写真家となった。

【参考文献】
斎藤多喜夫『幕末明治　横浜写真館物語』（吉川弘文館、二〇〇四年）
斎藤多喜夫「横浜写真小史再論」（横浜開港資料館編『F・ベアト写真集2―外国人カメラマンが撮った幕末日本』〈明石書店、二〇〇六年〉所収）
Terry Bennett, Photography in Japan 1853-1912 (Tokyo/Singapore, Tuttle Publishing, 2006)
Terry Bennett, Old Japanese Photographs: Collector's Data Guide. (London, Bernard Quaritch Ltd. 2006)
セバスティアン・ドブソン&スヴェン・サーラ編『プロイセン・ドイツが観た幕末日本』（ドイツ東洋文化研究協会、二〇一一年）
Anne Lacoste, Felice Beato: A Photographer on the Eastern Road. (Los Angeles, The J. Paul Getty Museum, 2010)
横浜都市発展記念館・横浜開港資料館編『文明開化期の横浜・東京―古写真でみる風景』（有隣堂、二〇〇七年）
『アドルフォ・ファルサーリ写真展―開港地横浜のイタリア人写真師』（イタリア文化会館、二〇一三年）

39

成仏寺本堂前の宣教師と家族たち（渡邉戊申株式会社寄贈／横浜開港資料館蔵）
撮影者：ジョン・ウィルソン　撮影地：横浜　撮影年：万延元年（1860年）
鶏卵紙。ステレオ写真。開港直後からキリスト教の宣教師たちが来日し、その多くは神奈川の成仏寺を宿舎とした。左はオランダ改革派のS.R. ブラウンとその娘、その右後ろはバプテスト派のゴーブル、中央は長老派のヘボン。

本覚寺（渡邉戊申株式会社寄贈／横浜開港資料館蔵）
撮影者：ジョン・ウィルソン　撮影地：横浜　撮影年：文久元年（1861）頃
鶏卵紙。ステレオ写真。開港直後から文久3年まで、神奈川の本覚寺にはアメリカ領事館が置かれていた。本堂入口右手前に'OFFICE'と書かれた木札が見える。台紙の右端に'Amerikanischer Consulat in Kanagawa'というドイツ語の書き込みがある。ウィルソンがプロイセン使節団に雇用されていた時に撮影したものであろう。

冬の衣装の日本の婦人（横浜開港資料館蔵）
撮影者：P.J.ロシエ　撮影地：不詳　撮影年：安政6年（1859）頃
鶏卵紙。おそらくこれが現存最古の風俗写真。

開港時の横浜の集落（渡邉戊申株式会社寄贈／横浜開港資料館蔵）
撮影者：P.J.ロシエ　撮影地：横浜　撮影年：安政6年（1859）
鶏卵紙。ステレオ写真。沖の外国船を除けば、開港前と変わらない風景。万延元年（1860）秋、山手の麓に堀川が開削され、堀川の西側は外国人居留地（現在の山下町）となった。そこにあった民家は堀川の東側に移されて、それが元町となった。写真の右端は現在のみなとみらい線元町・中華街駅、左端は中華街東門（朝陽門）の辺り。

神奈川宿（横浜開港資料館蔵）
撮影者：P. J. ロシエ　撮影地：横浜　撮影年：安政6年（1859）
鶏卵紙。ステレオ写真。右下に見える滝の橋で東海道と滝の川が交差している。橋の
たもとに高札場、その左手に石井本陣の大きな屋根が見えている。権現山からの撮影
であろう。滝の川沿いの浄滝寺にはイギリス領事館が置かれていた。

神奈川湊（横浜開港資料館蔵）
撮影者：P. J. ロシエ　撮影地：横浜　撮影年：安政6年（1859）
鶏卵紙。ステレオ写真。洲崎神社前の宮の河岸。神奈川湊は流通の拠点であり、海面
に弁才船が碇泊している。開港後はここから横浜へ渡し船が出ていた。右下に洲崎神
社の鳥居が見えている。その前の道が東海道（現在の宮前通り商店街）。権現山からの
撮影であろう。

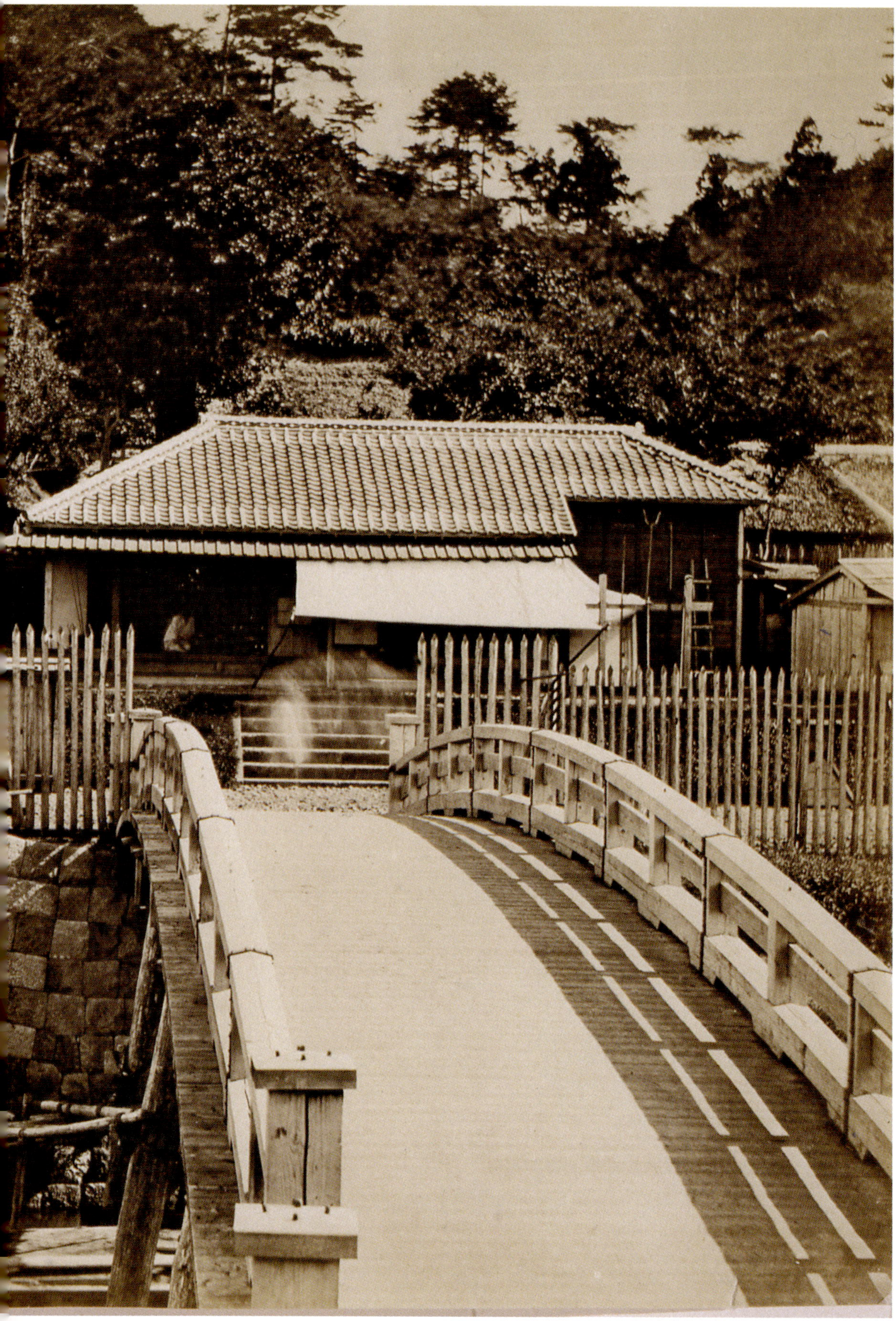

谷戸橋と関門番所 （横浜開港資料館蔵）

撮影者：W・ソンダース　撮影地：横浜　撮影年：文久2年（1862）秋
鶏卵紙。開港後、横浜では攘夷派による外国人殺傷事件が起きた。そこで幕府は万延元年（1860）秋、堀川を開削、外国人居留地（現在の山下町）と日本人居住地区（現在の元町）を隔離し、3つの橋のたもとに関所を設けて不審人物を取り締まった。これはそのうちの1つ。番所の右手には捕り物道具が写っている。現在のみなとみらい線元町・中華街駅付近。

吉田橋（横浜開港資料館蔵）
撮影者：ミハエル・モーザー（推定）　撮影地：横浜　撮影年：明治初期
鶏卵紙。大岡川に架かる橋。開港時に架設され、その後、橋のたもとに関所が設けられて不審人物を取り締まったので、横浜の中心部は「関内」と呼ばれるようになる。明治2年（1869）、イギリス人技師ブラントンにより鉄橋に架け替えられ、文明開化の象徴として「かねのはし」と呼ばれた。日本最初のトラス構造鉄橋。『ファー・イースト』1巻17号（1871年2月1日）より。

横浜フリーメーソン館（横浜開港資料館蔵）
撮影者：ミハエル・モーザー（推定）　撮影地：横浜　撮影年：明治初期
鶏卵紙。フリーメーソンは社交・慈善の団体。横浜では慶応2年（1866）に最初の支部（横浜ロッジ）が結成された。これは明治2年（1869）、山下居留地170番地に建てられた専用の集会所。設計はウィットフィールド＆ドーソン。ドリス式列柱（古代ギリシア建築前期の簡素な様式）の重厚な石造建築。『ファー・イースト』1巻15号（1871年1月5日）より。

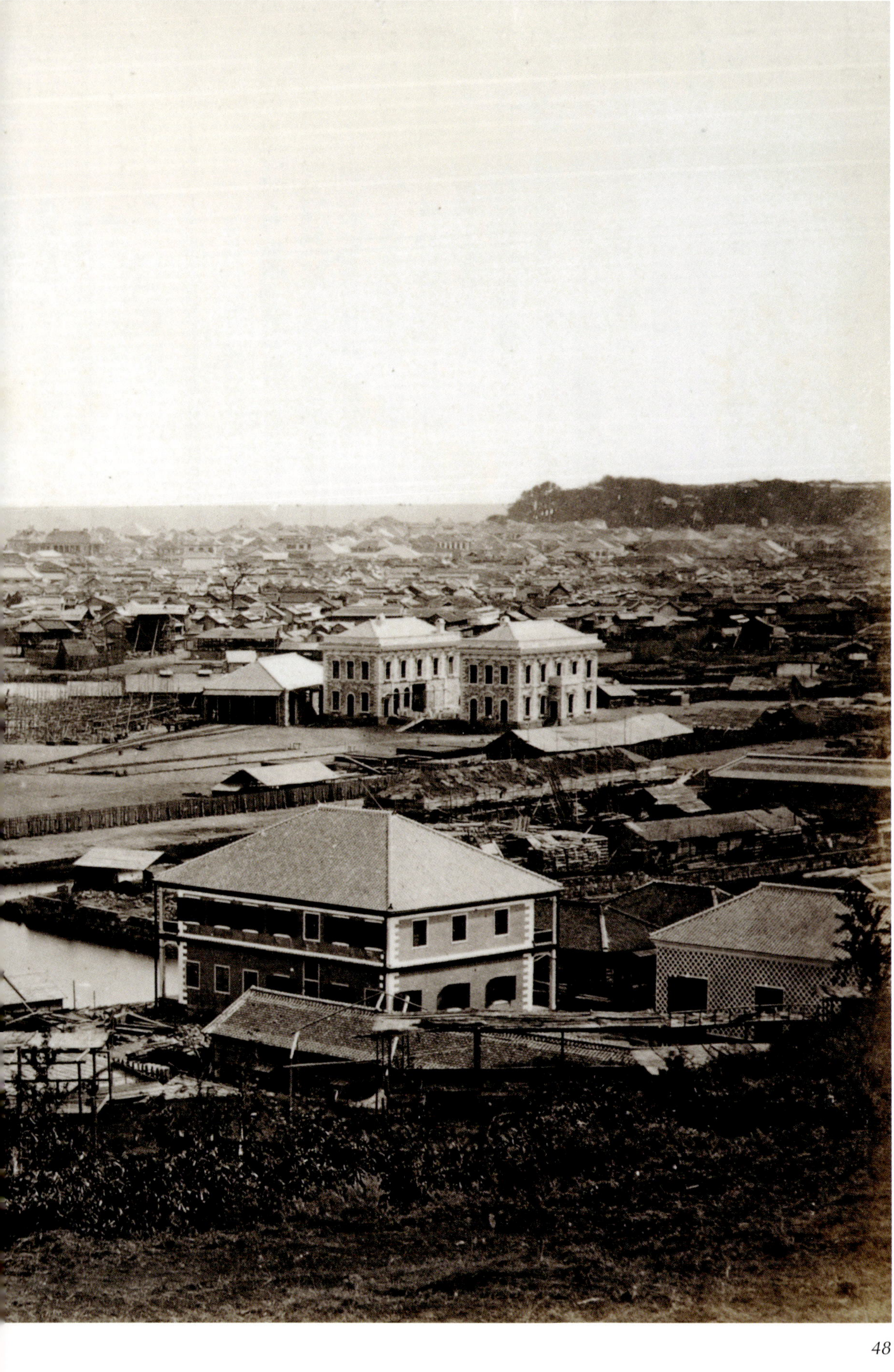

建設中の横浜停車場（横浜開港資料館蔵）

撮影者：ミハエル・モーザー（推定） 撮影地：横浜 撮影年：明治4年（1871）鶏卵紙。現在のJR桜木町駅。明治3年、京浜間鉄道の建設計画が始動。横浜駅舎はアメリカ人ブリジェンスにより、東京側の新橋駅と同じデザインで設計され、翌年中に完成した。写真右手前にガス会社、左手遠方には灯台寮など、殖産興業の象徴のような施設群が写っている。『ファー・イースト』2巻9号（1871年10月2日）より。

夏姿の娘たち（横浜開港資料館蔵）
撮影者：C・パーカー　撮影地：横浜　撮影年：幕末期
鶏卵紙。現存が確認されているパーカーの作品は少ない。これは絨毯の模様から、パーカーのスタジオで撮影されたことが推定できる数少ない作品の一つ。

山手より吉田新田を望む（日本大学芸術学部蔵）
撮影者：フェリーチェ・ベアト　撮影地：横浜　撮影年：幕末期
鶏卵紙。吉田新田は江戸時代前期に吉田勘兵衛によって干拓・開墾された。前景に山手の木立と畑、中景に中村川と吉田新田の家並、遠景に富士山を配し、ベアトらしい立体的な構図となっている。ただし、富士山は不鮮明になってしまったらしく、ネガに修整が加えられた形跡がある。

茶器を持つ娘（日本大学芸術学部蔵）
撮影者：フェリーチェ・ベアト　撮影地：不詳　撮影年：幕末期
鶏卵紙。手彩色。カメラに対して斜めに立つ被写体の姿勢や塀に差している影によって、平面的で単調な印象を避け、画面に奥行きを与えている。フェリーチェ・ベアトの芸術的なセンスをうかがい知ることのできる作品。

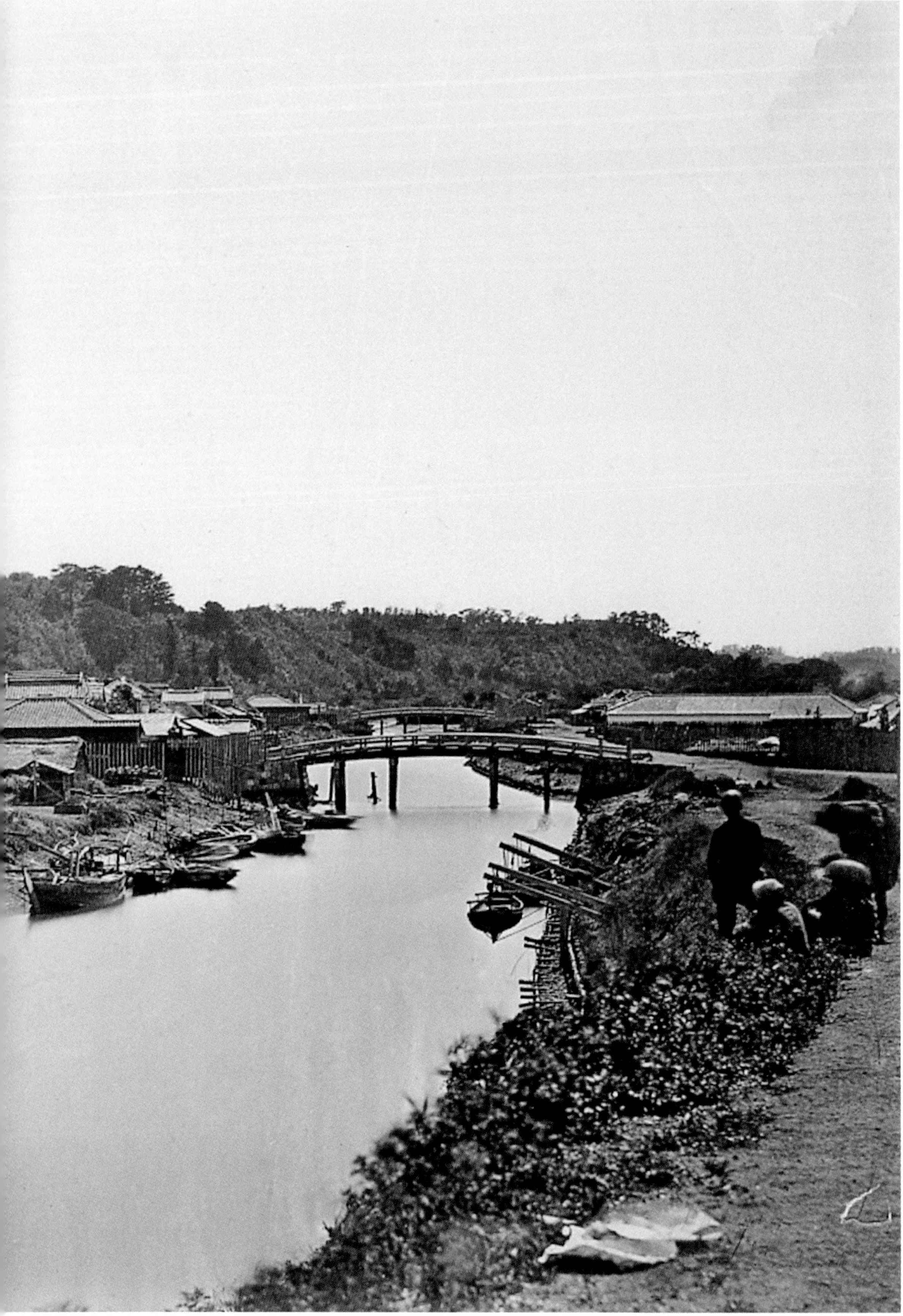

堀川と元町（長崎大学附属図書館蔵）

撮影者：フェリーチェ・ベアト　撮影地：横浜　撮影年：幕末期　鶏卵紙。万延元年（1860）秋、幕府は堀川と呼ばれる運河を開削し、外国人居留地と日本人居住区を分離した。堀川の右手が居留地。そこに住んでいた農民は堀川の左手に移住させられ、そこが元町となった。堀川には三つの橋が架けられ、橋のたもとには関所を設けて、不審人物を取り締まった。この写真は海に近い谷戸橋の辺りから上流を写したもので、前田橋と西の橋が見える。

上・不動坂より根岸海岸を望む（厚木市郷土資料館蔵）
撮影者：フェリーチェ・ベアト　撮影地：横浜　撮影年：幕末期
鶏卵紙。元治元年（1864）、幕府は外国人居留地の東南方に外国人遊歩新道を造成した。生麦事件の教訓から、外国人を東海道から遠ざけるのが目的だった。新道途中の不動坂上からは、外国人が「ミシシッピー・ベイ」と呼ぶ根岸湾を一望することができ、その眺めは世界無比と讃えられた。坂の下は根岸村の家並、遠景は本牧岬、左より一の谷・二の谷・三の谷が見える。

左上・神奈川台町の関門（1）（厚木市郷土資料館蔵）
撮影者：フェリーチェ・ベアト　撮影地：横浜　撮影年：幕末期
鶏卵紙。台町は神奈川宿の中心部で、崖の上の細長い町（現在の横浜市神奈川区台町）。横浜開港後、警備を強化するために関門が設けられた。これは関門の東から西を写したもの。右手は現在の高島台、左手の崖下が海。左端に茶屋が写っている。

左下・神奈川台町の関門（2）（長崎大学附属図書館蔵）
撮影者：フェリーチェ・ベアト　撮影地：横浜　撮影年：幕末期
鶏卵紙。台町の関門の西から東を写したもの。関門の向こうは台町の家並。坂を下ったところにもう一つ関門があった。その左手は権現山。関門の右手前に下田屋の看板が見える。

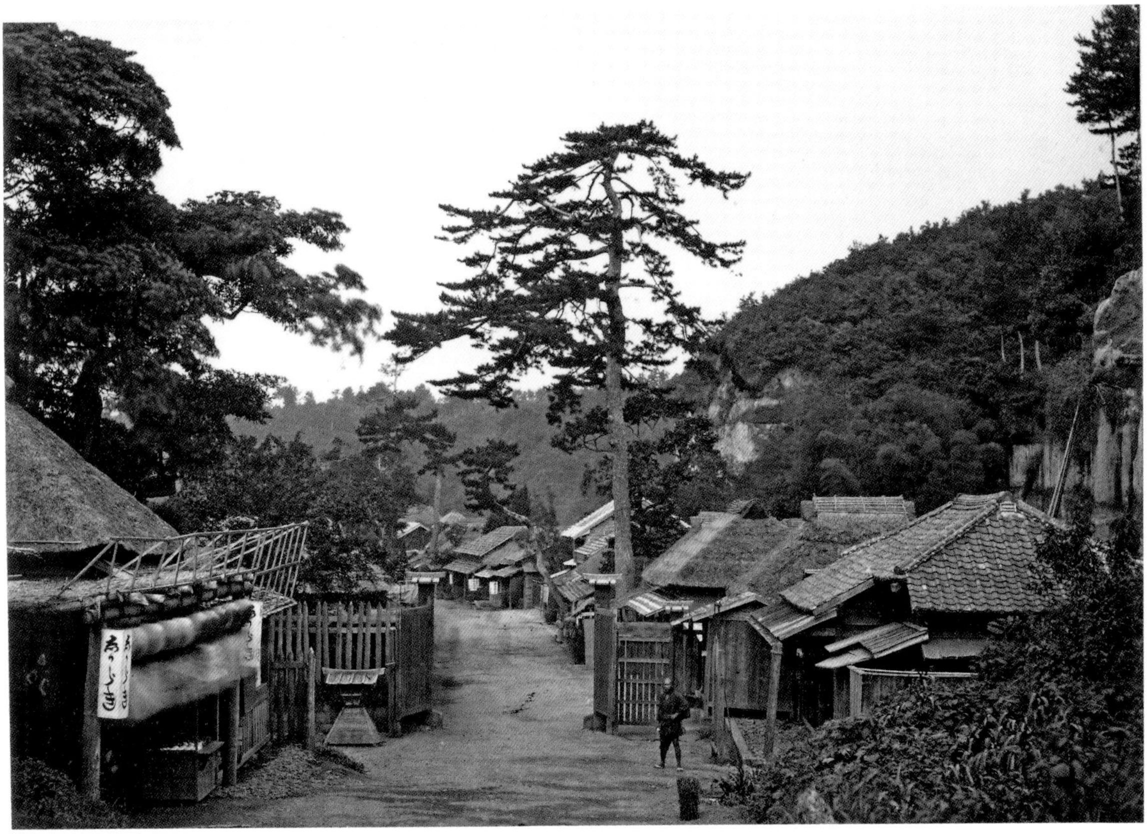

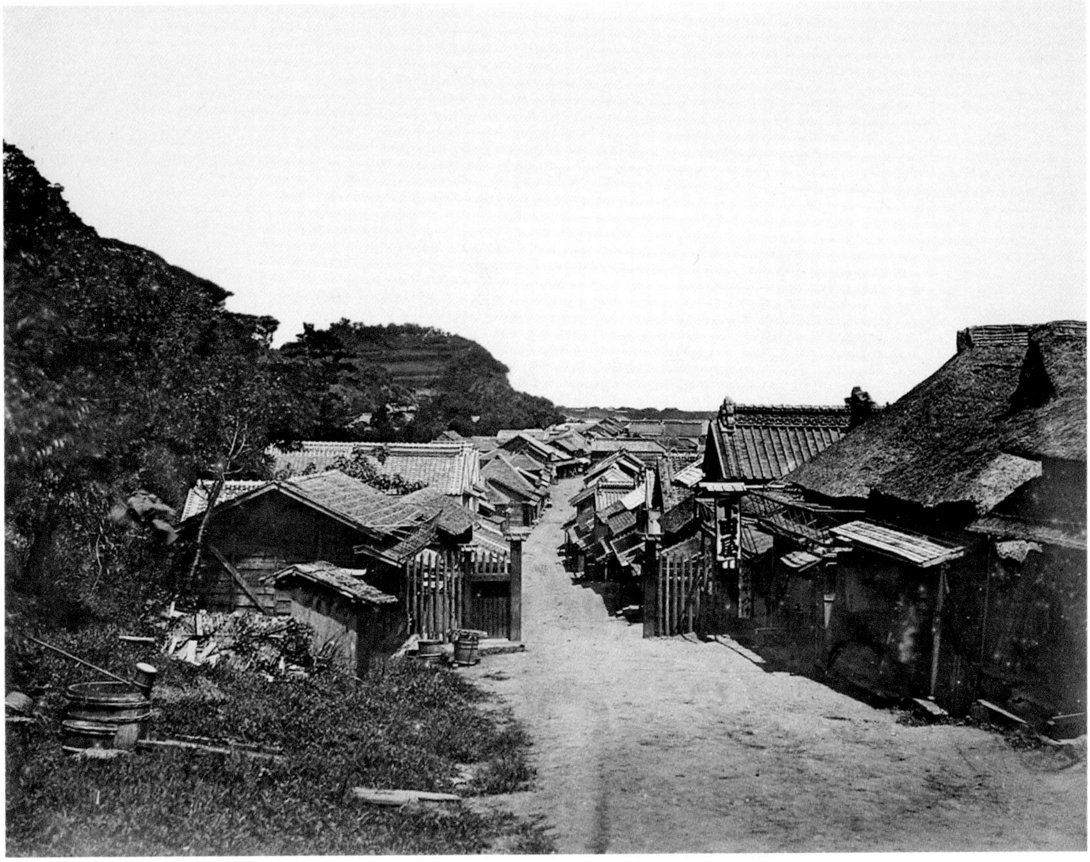

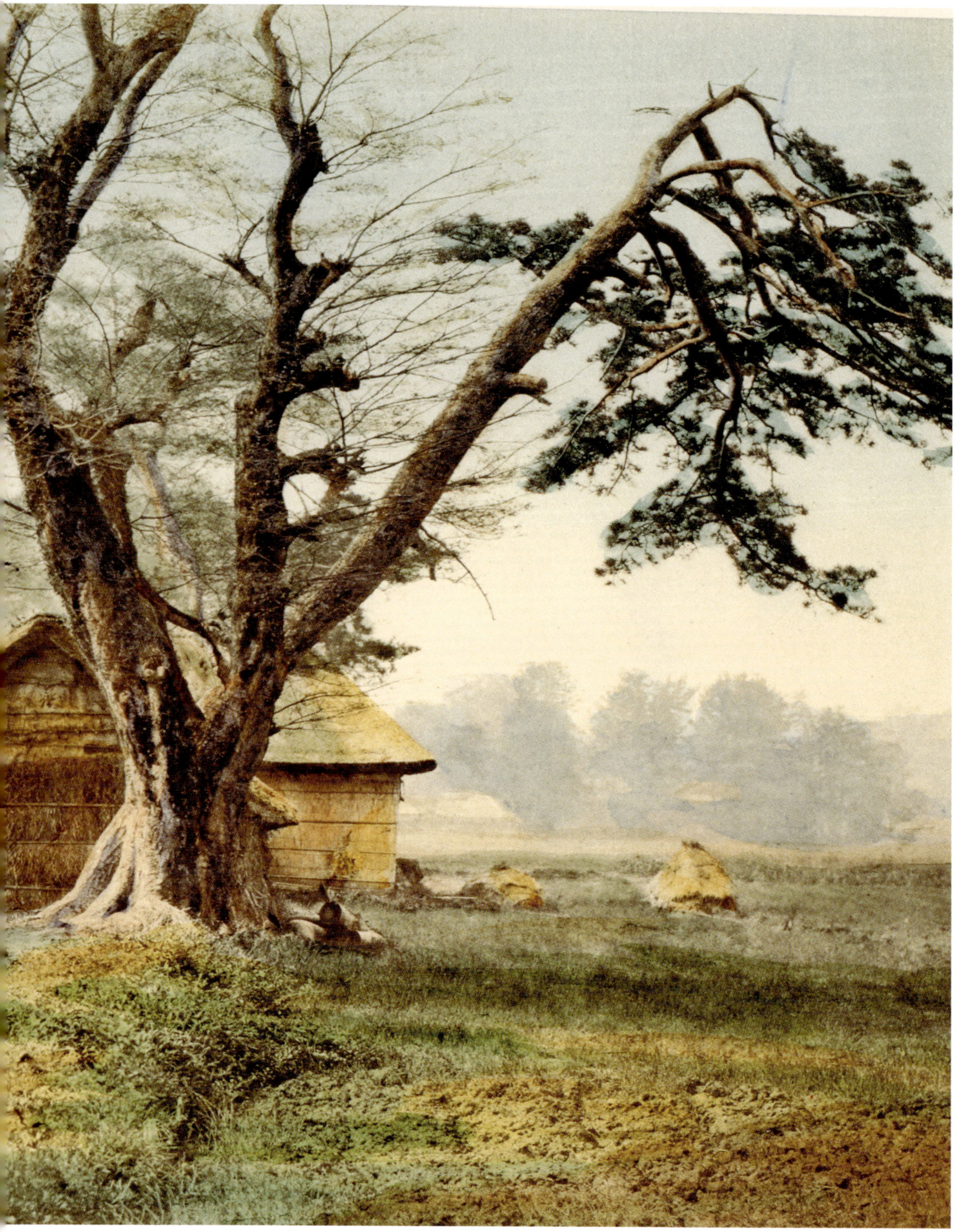

生麦事件の現場（横浜美術館蔵）
撮影者：フェリーチェ・ベアト　撮影地：横浜　撮影年：幕末期
鶏卵紙。手彩色。東海道生麦村（現在の横浜市鶴見区生麦）の光景。1862年9月14日（文久2年8月21日）、薩摩藩主島津忠義の父久光の一行約400人の行列に馬を乗り入れたイギリス商人リチャードソンが殺害された。イギリスは犯人の処罰と賠償金の支払いを求め、翌年8月に薩英戦争が起きた。事件当時、ベアトは来日していなかったので、知人から場所を聞いて撮影したのであろう。

化粧品を使う女性（横浜開港資料館蔵）
撮影者：フェリーチェ・ベアト　撮影地：横浜　撮影年：幕末期
鶏卵師紙。手彩色。鏡の効果を用いた風俗写真の原型となる作品。

三味線を弾く女（国際日本文化研究センター蔵）
撮影者：シュティルフリート＆アンデルゼン　撮影地：横浜　撮影年：明治前期
鶏卵紙。手彩色。シュティルフリート＆アンデルゼンのアルバムに含まれる。R.シュティルフリートの初期の写真と比べると、少し演出が派手になっている。

元町百段 （横浜開港資料館蔵）

撮影者：R・シュティルフリート　撮影地：横浜　撮影年：明治初期

鶏卵紙。階段の上に浅間神社があり、境内の茶屋から市街を一望できたので、観光名所となっていた。関東大震災で神社も石段も崩落、神社は丘の麓で厳島神社として再建された。神社の跡地は現在元町百段公園となっている。山下・山手の両外国人居留地に挟まれる元町には、外国人の需要に応じる職業、舶来品を売る店が多かった。左手の建物は1階が金物屋で2階が写真館。

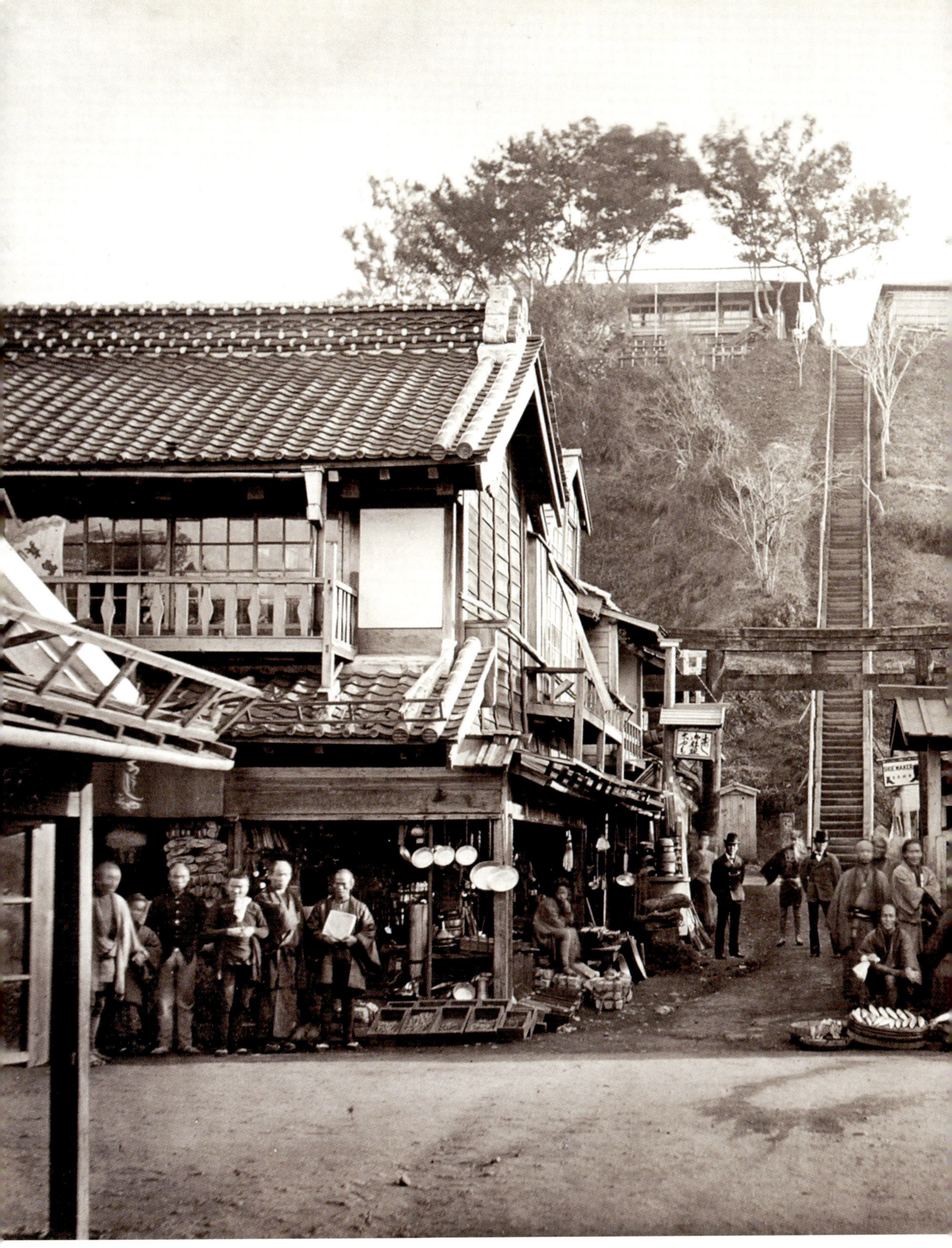

上・横浜外国人居留地本町通り（横浜開港資料館蔵）
撮影者：R・シュティルフリート　撮影地：横浜　撮影年：明治前期
鶏卵紙。外国商社が建ち並ぶ山下居留地の中心部。右手が60番地台、左手が80番地台。現在の中華街東門付近を東南から西北に望んだ光景。

左上・金沢の茶屋（長崎大学附属図書館蔵）
撮影者：R・シュティルフリート　撮影地：横浜　撮影年：明治前期
鶏卵紙。金沢（現在横浜市金沢区）は風光明媚なことで知られ、外国人にとっても身近な行楽地だった。この写真は平潟湾に突き出た琵琶島弁天辺りから茶屋を写したもの。中央は米元楼、左は千代本別館。現在のシーサイドライン八景島駅付近。

左下・高島町遊郭（横浜開港資料館蔵）
撮影者：R・シュティルフリート　撮影地：横浜　撮影年：明治前期
鶏卵紙。高島町は高島嘉右衛門が埋め立てた鉄道沿線の町。明治5年（1872）、ここに遊郭が置かれた。この写真は富士見橋辺りから北側を望んだもの。右端は神風楼。写真には写っていないが、橋の右手前に岩亀楼があり、橋を挟んで二大妓楼が並んでいた。正面遠方の丘は現在の高島台の辺り。

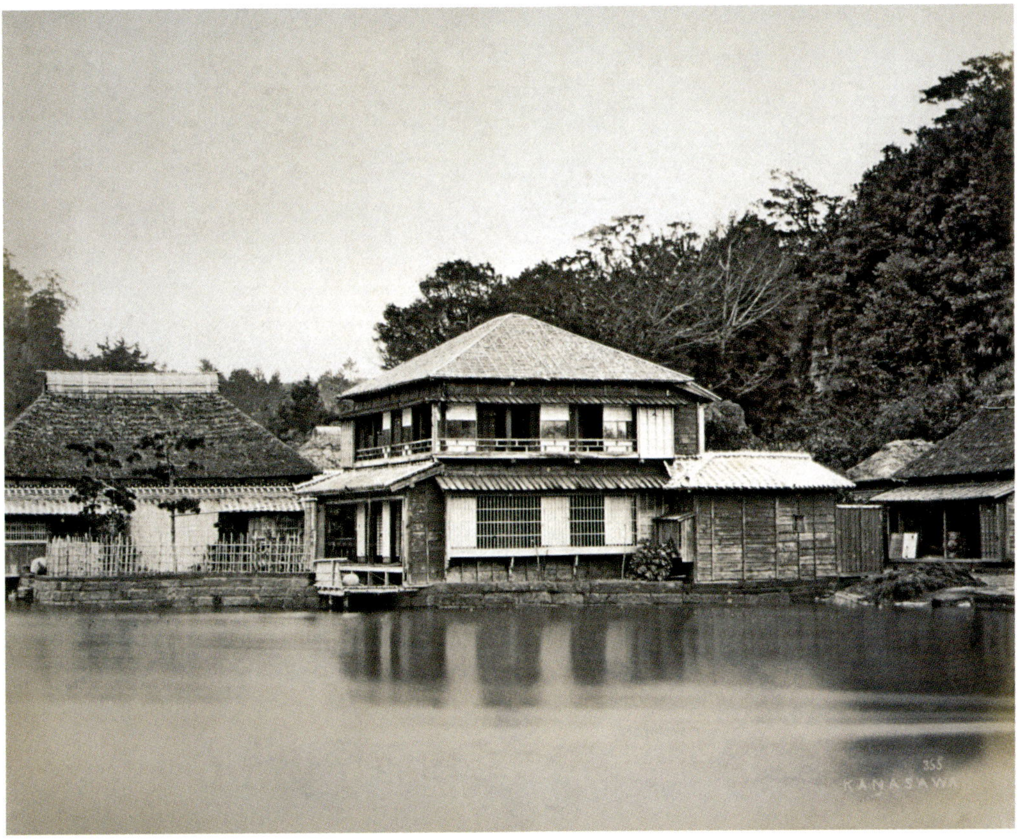
355
KANASAWA

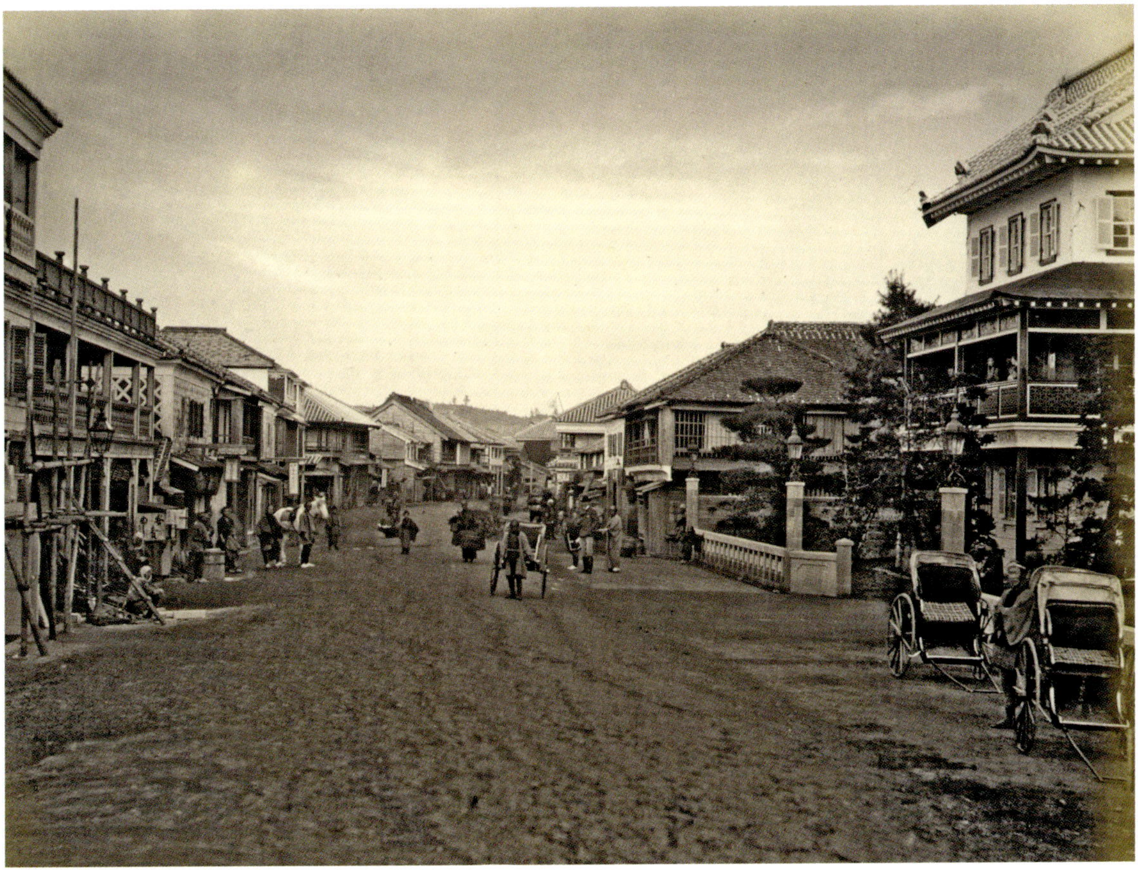

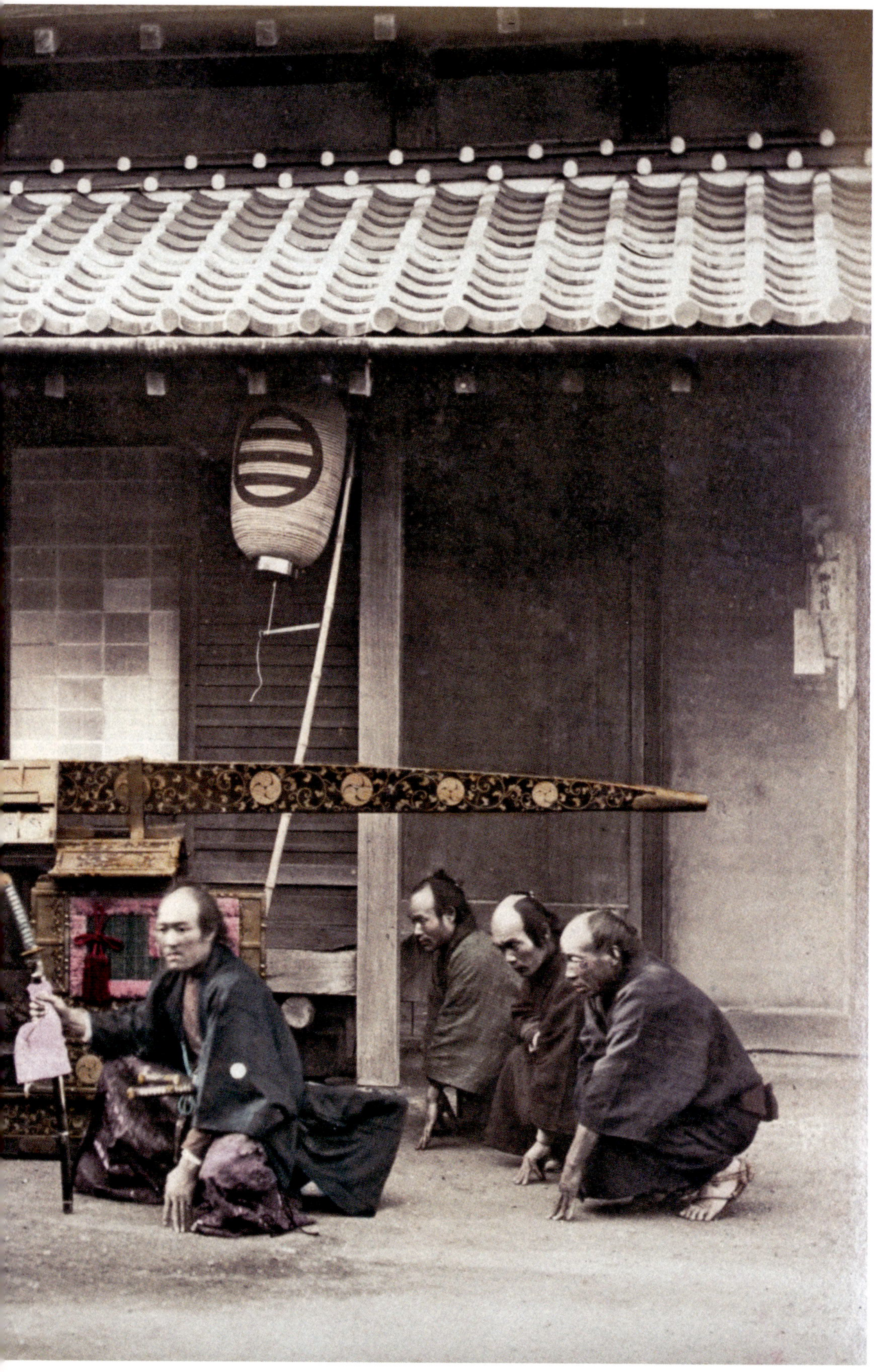

駕籠（国際日本文化研究センター蔵）
撮影者：シュティルフリート&アンデルゼン　撮影地：横浜　撮影年：明治前期
鶏卵紙。シュティルフリート&アンデルゼンのアルバムに含まれる手彩色写真。時代劇のような演出写真。明治時代には懐古趣味のような写真も多くなる。

元町増徳院薬師堂前の雪景色（長崎大学附属図書館蔵）

撮影者：A・ファルサーリ　撮影地：横浜　撮影年：明治中期

鶏卵紙。手彩色。増徳院薬師堂前。現在の元町プラザの辺り。増徳院は横浜村時代からここに存在した真言宗の寺院。関東大震災後、南区平楽の現在地へ移転したが、薬師堂は元町に再建された。

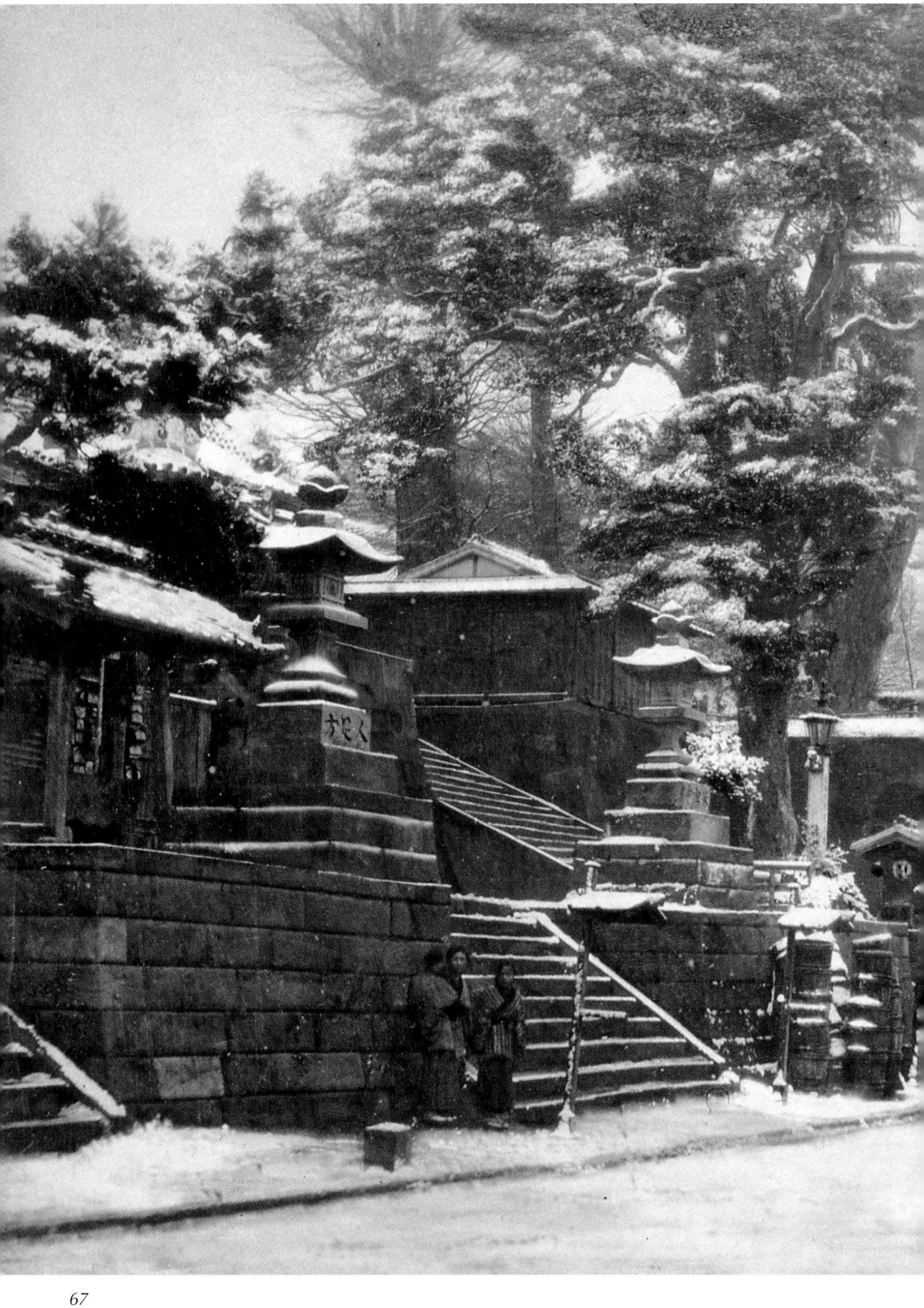

依田橋より富士山を望む（長崎大学附属図書館蔵）

撮影者：A・ファルサーリ　撮影地：静岡　撮影年：明治中期
鶏卵紙。手彩色。明治19年（1886）、ファルサーリの写真館は火災に遭い、ネガを失ってしまった。そこで失われたネガを回復するため、5か月に及ぶ撮影旅行を行った。その時の作品の一つ。現在の静岡県富士市依田橋町の辺り。

FUJIYAMA

碧い眼がとらえた英傑たち

石黒敬章　古写真収集家

【写真1】遣米使節の幻灯種板

【写真2】文久使節団の正副使一行

幕末に海外で撮られた人物

幕末に肖像写真を遺した日本人の多くは、海外で碧い眼の写真師によって写されている。

万延元年（一八六〇）の遣米使節、文久元年（一八六一）の第一回遣欧使節、文久二年出発の幕府オランダ留学生や第二回遣欧使節、文久三年の長州藩イギリス留学生、元治二年（一八六五）の薩摩藩英国留学生などが、海外で数多くの肖像写真を遺している。稀には曲芸団の芸人やパリ万博で手踊り披露の芸者も写されているが、ほとんどは武士であった。

ここではワシントン造船所で撮影の遣米使節【写真1】、第一回遣欧使節団の中心メンバー【写真2】と随員たち【写真3】、それに定役として随行した森鉢太郎【写真4】の肖像を紹介する。みなきりりと口元を閉じ、なかなかの面構えで写している。特に森鉢太郎は、江戸時代の武士としての凛々しい風貌が感じ取れるとして、薩摩焼酎「海童」の新聞広告とポスターに使われたことがある。

幕府オランダ留学生では、榎本武揚【写真5】と沢太郎左衛門【写真6】を掲載する。

【写真4】森鉢太郎肖像（右）とポスター（左）

【写真3】文久使節団の随員

（P70〜73の写真はすべて石黒敬章蔵）

【写真7】岩倉使節団一行

【写真6】沢太郎左衛門

【写真5】榎本武揚

江戸時代には髭がない

戦国時代、織田信長・徳川家康・上杉謙信・武田信玄など主だった武将は髭を生やしていたことは残された絵によって窺える。しかし江戸時代になると武士は髭を生やさなくなる。公式の場では、頭髪と顎の髭は剃るのが常識となった。毛髪や髭は勝手に力強く生えてくることから、生命力のシンボルだったそうである。徳川幕府には逆らいません服従しますという意味もあり、頭髪を剃り（月代）丁髷にしたともいわれ、江戸時代に武士は髭を生やすことはなかった（髭を生やすのは浪人や家督を譲って隠居した場合）。

それ故、幕末に海外で碧い眼が撮った肖像写真に髭面の武士は写されていない。

岩倉使節団

明治四年～六年（一八七一～七三）、日本の国づくりを担う百名を超える大使節団が、米国と欧州を一年十ヶ月にもわたって渡航する。【写真7】は、明治四年十二月、正使岩倉具視と主要メンバーがサンフランシスコで記念撮影した有名な写真だが、岩倉具視以外は丁髷を結っておらず、す

71

【写真10】村田新八　　　【写真9】大久保利通　　　【写真8】大久保利道

髭は新しい時代の象徴

明治になって髭が復活したのは、新しい時代になったことを印象付けるためだったと、水谷三公著の『官僚の風貌』に書かれている。いち早く髭を採用したのが大久保利通だったとのことである。岩倉使節団に随行し髭を生やした人物は大久保だけでなく、村田新八【写真10】、福地源一郎【写真11】、鍋島直大、川路利良など、多くの

人物がいたが、大久保が大物だっただけに髭の先駆者とされてしまったのであろう。碧い眼の写真師も、丁髷帯刀姿の武士が、わずか十年そこそこで洋装となっている大久保利通はこの使節団で外遊した際に髭を生やし始めた。この写真では薄っすらと髭が写っている。

明治五年二月十日にワシントンで撮影した【写真8】では髭が伸びている。明治五年か六年にパリで撮影した【写真9】では、たいそう立派な髭になっている。帰国した際には風貌が様変わりしていて、さぞや驚かれたことだろう。大久保利泰氏によれば、【写真9】はヴィクトリア女王に謁見するために必要なことから、ロンドンで急遽仕立てた大礼服を着て写したとのこと（日本出立のときは大礼服の制度はなかった）。この写真が後にキヨッソーネがコンテ画「大久保利通像」を描く際の元になったとのことである。

でに洋装となっていることが分かる。右端に写る大久保利通はこの使節団で外遊した際に髭を生やし始めた。この写真では薄っすらと髭が写っている。
碧い眼の写真師も、丁髷帯刀姿の武士が、わずか十年そこそこで洋装面になってしまう日本人の変わり身の早さにびっくりしたのではないだろうか。
明治天皇も髭のイメージリーダーとしての一翼を担ったそうである。明治五年内田九一撮影の【写真12】では髭はないが、翌明治六年撮影の【写真13】では髭が蓄えられている。

明治期には公家、政治家、軍人、学者、医者、歌舞伎役者、芸者などを焼き付けた名刺大の肖像写真が、いまのブロマイドのように販売されている。それらの肖像写真を見ると、髭を蓄えた肖像写真がいかに多いかに気付くのである。
明治中期にもなるとほとんどの政治家や軍人は髭面となる。髭は官僚から始まり、作家、芸術家、商人にまで及んでいったとされる。

明治期の人物に髭面が多いのは、威厳を示す目的もあったと私には思われる。明治の日本を創った人たちはみな若くして高官になった。髭により高官は「鯰」、役人は「泥鰌」と揶揄されても、「若造のくせに」と侮られないように髭を生やして尊大さを示すことが必要だったのであろう。

【写真13】明治天皇　　【写真12】明治天皇　　【写真11】福地源一郎

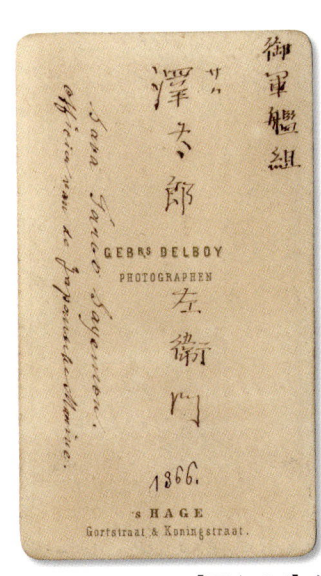

【写真15】蝦夷政権の幹部　　【写真14】沢太郎左衛門（写真表・裏）

旧幕府軍に髭面あり

　さて、明治政府は大久保利通をはじめ、髭で時代の変化を印象付けたとされるが、私が古写真で見る限り、髭面らの先駆をなしたのは、意外にも旧幕府に属する人物だった。幕府オランダ留学生の沢太郎左衛門は、裏面に「御軍艦組　沢太郎左衛門　一八六六」と書き込みがあるシルクハットを被った髭面の肖像写真をオランダで撮影している【写真14】。

　明治元年（一八六八）に箱館で写した蝦夷政権（旧幕府軍）幹部の【写真15】では、写っている六名のうち榎本武揚総裁、荒井郁之助海軍奉行、松岡磐吉海軍頭、榎本対馬会計奉行の四名までが髭を生やしているのである。蝦夷政権は新政府と戦うため、により強そうに見せたかったのであろう。沢や榎本は大久保より髭面の先輩だったのである。それで榎本は箱館戦争で降伏してもなんら髭剃る、否、卑下（ひげ）することなく、明治政府の高官になったのかもしれない。

＊1　『日本の近代　13　官僚の風貌』水谷三公著、一九九九年、中央公論新社発行。

ワシントン造船所での遣米使節一行（石黒敬章蔵）
撮影者：マシュー・ブレディ　撮影地：アメリカ・ワシントン造船所　撮影年：万延元年（1860）
幻灯映画。万延元年ワシントン造船所での遣米使節一行。前列左から塚原重四郎、成瀬善五郎、村垣淡路守（副使）、新見豊前守（正使）、小栗豊後守（監督使）、森田岡太郎。後列シルクハットの人がブカナン大統領。

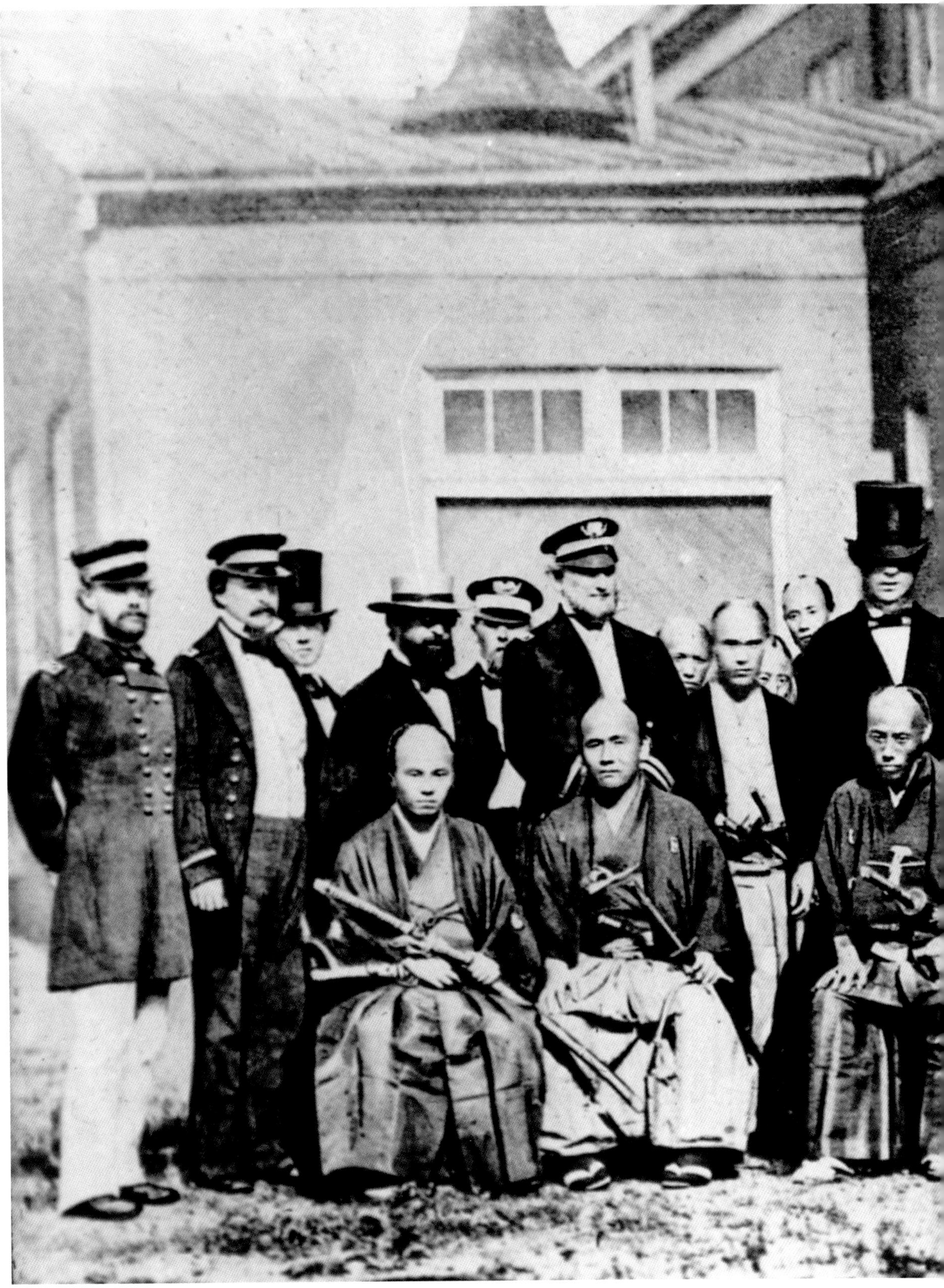

文久使節団の正副使一行（石黒敬章蔵）
撮影者：ナダール　撮影地：フランス・パリ　撮影年：文久２年（1862）鶏卵紙。第１回遣欧使節団中心メンバー。左より副使松平石見守康直、正使竹内下野守保徳、監察使京極能登守高朗、組頭柴田貞太郎（剛中）。

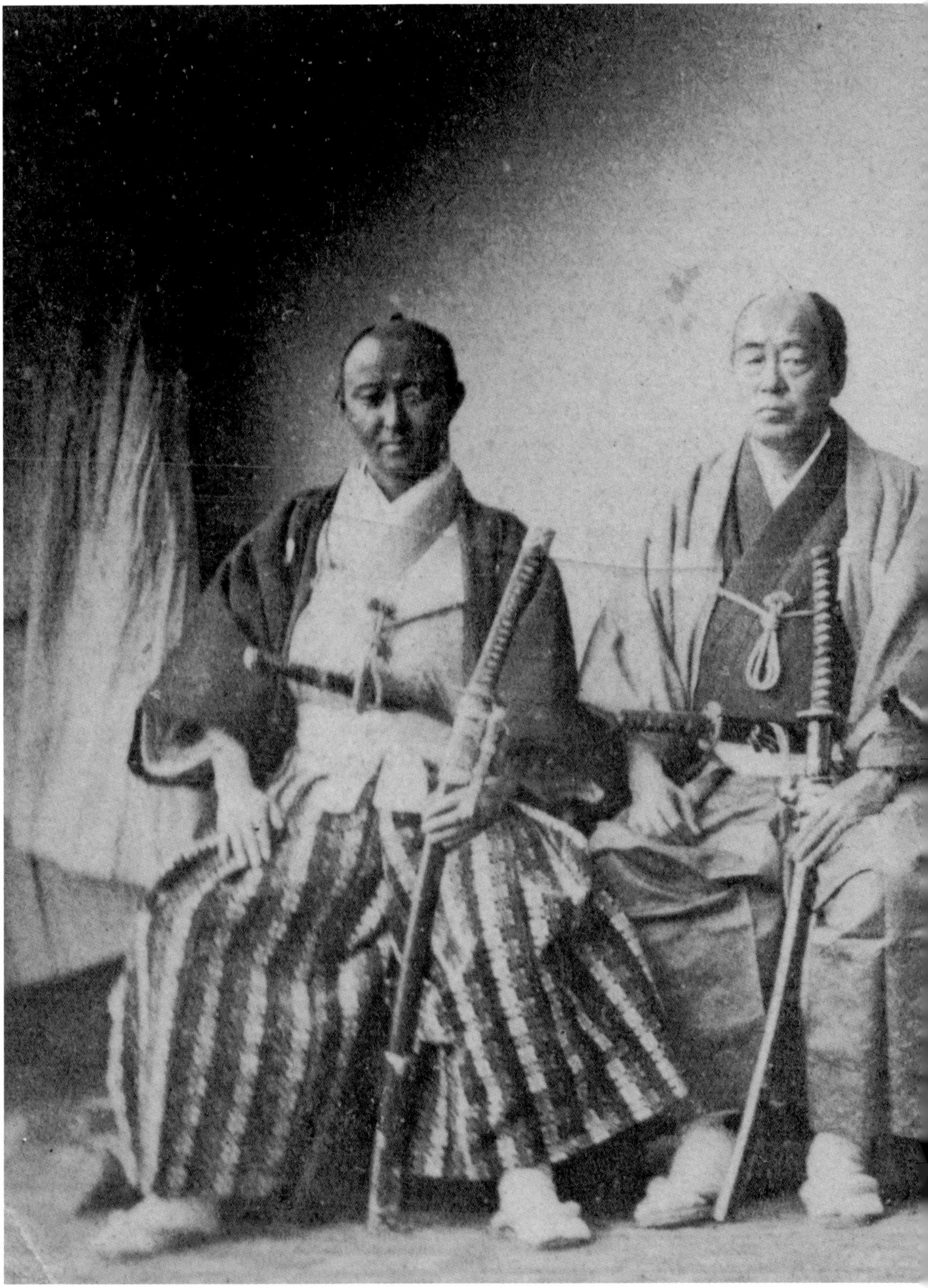

第1回遣欧使節団の随員（石黒敬章蔵）

撮影者：ディヴィス　撮影地：イギリス・ロンドン　撮影年：文久2年（1862）鶏卵紙。右から福地源一郎、上田友輔、高松彦三郎、益頭駿次郎。裏面に7 June 1862 のペン書きがある。

森鉢太郎（石黒敬章蔵）
撮影者：セベリン　撮影地：オランダ・ハーグ　撮影年：文久2年（1862）
鶏卵紙。遣欧使節には定役として随行。平成18年6月10日付『朝日新聞』に載った薩摩焼酎「海童」の全面広告に使われた（下の写真）。

SINCE 1868

榎本武揚〈石黒敬章蔵〉

撮影者：セベリン　撮影地：オランダ・ハーグ　撮影年：文久3年（1863）鶏卵紙。オランダ留学時代、ハーグのHENRI PRONK写真館で撮影。サインをして当時世話になった日本語教師ホフマンに贈った名刺判写真。裏面にオランダ語で1863年6月30日の記載がある。

沢太郎左衛門 (石黒敬章蔵)

撮影者：ヘンリー・ブロンク　撮影地：オランダ・ハーグ　撮影年：文久3年（1863）鶏卵紙。オランダ留学生としてオランダに到着して間もない頃、丁髷着物姿で撮影し、1863年6月30日にホフマンに献じた写真。

岩倉使節団一行 （石黒敬章蔵）

撮影者：不詳　撮影地：アメリカ・サンフランシスコ　撮影年：明治4年12月（1872年1月）
鶏卵紙。右より、副使大蔵卿大久保利通、副使工部大輔伊藤博文、特命全権大使右大臣岩倉具視、副使外務少輔山口尚芳、副使参議木戸孝允。

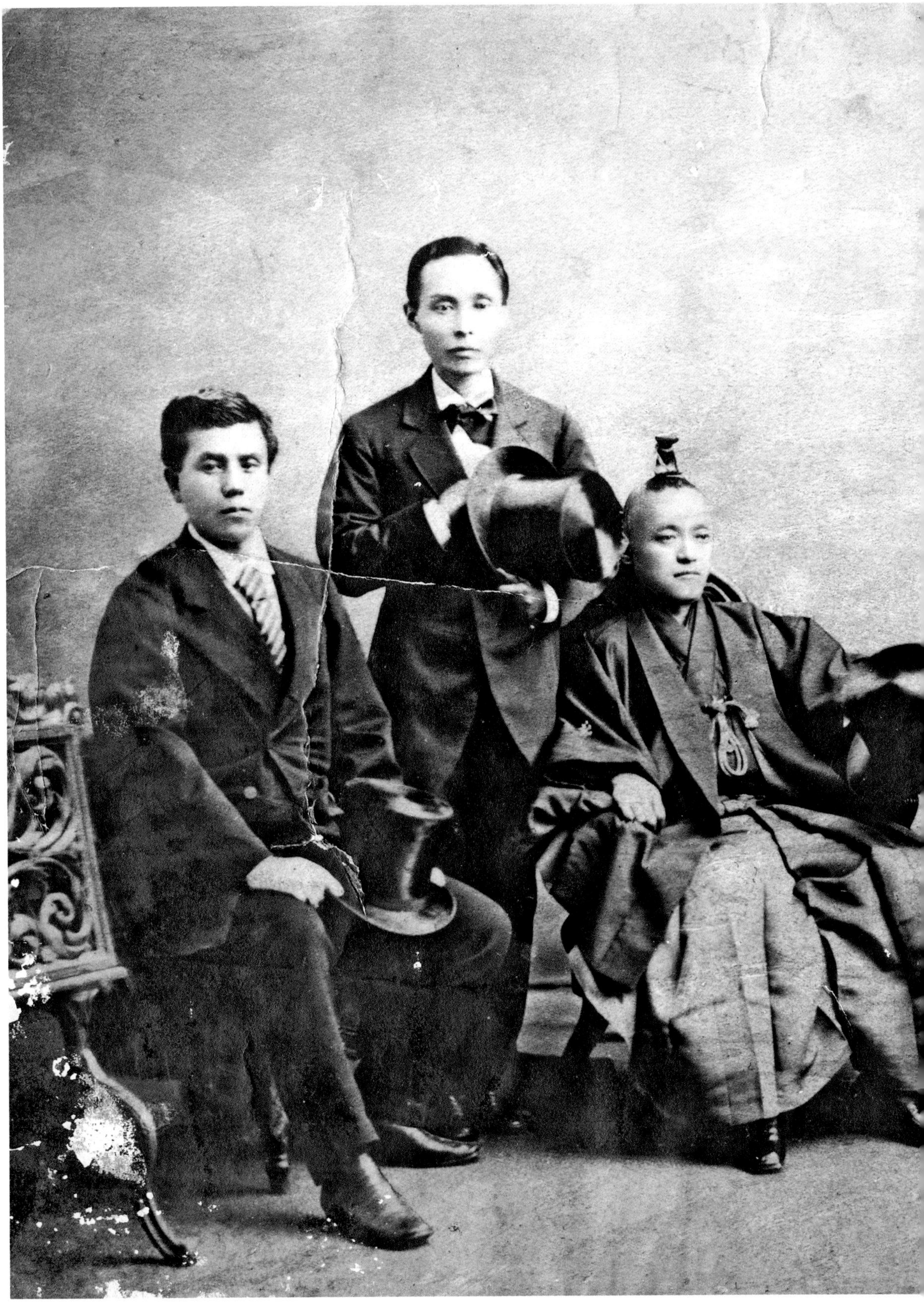

大久保利通（石黒敬章蔵）

撮影者：ソープ　撮影地：アメリカ・ワシントン　撮影年：明治5年（1872）鶏卵紙。明治5年2月に撮影の大久保利通。十分に髭らしくなっている。森有礼旧蔵の写真。

大久保利通（石黒敬章蔵）
撮影者：ヌマ・ブラン　撮影地：フランス・パリ　撮影年：明治5〜6年（1872〜73）
鶏卵紙。大礼服を着た大久保利通。この頃には髭が立派に伸びている。

村田新八（石黒敬章蔵）
撮影者：バカロー　撮影地：アメリカ・ニューヨーク　撮影年：明治5年（1872）
鶏卵紙。岩倉使節団に随行し、ニューヨークに立ち寄った明治5年6月にブロードウェイで撮影。すでに立派な髭を蓄えている。

福地源一郎 (石黒敬章蔵)

撮影者：シャンブレー　撮影地：フランス・パリ　撮影年：明治6年（1873）
鶏卵紙。岩倉使節団に随行した際、パリ・グランドホテル内のCHAMBAY写真館で撮影し、同行の川路利良に呈した写真。裏面に「呈　川路学兄　明治六年正月二十一於巴里　福地源一郎」との記載がある。

明治天皇（石黒敬章蔵）

撮影者：内田九一　撮影地：東京　撮影年：明治5年（1872）鶏卵紙。明治5年4月に内田九一が撮影した明治天皇。まだ髭がない。

明治天皇（石黒敬章蔵）

撮影者：内田九一　撮影地：東京　撮影年：明治6年（1873）鶏卵紙。明治6年10月18日、内田九一撮影の明治天皇。髭を蓄えている。明治6年3月20日に明治天皇は断髪を宣言し、髷を切り落とされたので、この写真では髷はない。

沢太郎左衛門 (石黒敬章蔵)

撮影者：デルボイ　撮影地：オランダ・ハーグ　撮影年：慶応2年（1866）鶏卵紙。洋装シルクハットで髭面の沢太郎左衛門。裏面のペン書きで1866年と分かる。これもホフマンに贈られた写真。

蝦夷政権の幹部 〈石黒敬章蔵〉

撮影者：田本研造　撮影地：箱館（函館）　撮影年：明治元年（1868）
鶏卵紙。蝦夷政権幹部の記念写真。右手前が榎本武揚総裁でその左が荒井郁之助（海軍奉行）。後列は右より松岡磐吉（海軍頭）、林薫三郎（のちの林伯）、榎本対馬（会計奉行）、小杉雅之助（江差奉行）である。4名が髭を生やしている。

ジャック＝フィリップ・ポトーが撮った日本人

フィリップ・グローバー　オックスフォード大学 ピット・リヴァース博物館
Philip Grover

図1　高松彦三郎

往時の勇姿を偲ばせる初期写真

ピット・リヴァース博物館（Pitt Rivers Museum）は、一八八四年、考古学と進化人類学の分野の影響力のあるピット＝リバース将軍が、オックスフォード大学に彼のコレクションを寄贈したことによって設立された、人類学と世界考古学のオックスフォード大学の博物館である。

ピット・リヴァース博物館は、30万点を超える資料を収蔵し、なかでも民俗学資料については世界で最も重要なコレクションを持つ博物館である。発足当初から日本関係を含む写真資料についても収蔵しており、ピット＝リバース将軍のコレクションには、博物館設立以前にサウスケンジントン博物館で展示されていた横浜のシュテルフリート＆アンデルセンによる日本写真社から販売された写真も含まれていた。以降、博物館の写真資料数は充実し続けており、現在では世界各国から収集した興味深い明期の重要な作品をはじめとする写真が納められている。

このようなコレクションの中に、注目すべき一組の写真群がある。図1を含むこの写真群は、台紙に貼付された鶏卵紙によって構成され、イギリスのオックスフォード

(P 92〜97の写真はすべて Pitt Rivers Museum Collection)

図2 福沢諭吉

に近いニューベリー町の公立博物館（現・ウェスト・バークシャー・ミュージアム）の学芸員であったハーバート・コグランによって一九五一年に移管されたものである。これらがなぜ移管されたのか、その詳細は不明である。しかし、コグラン氏は、この頃ピット・リヴァース博物館の学芸員であったトーマス・ペニーマンと知り合いであった可能性が高く、この写真群が彼の機関よりも民族学的なコレクションにふさわしいと考えたことによって、移管されたことは想像に難くない。

この写真群は約五〇〇点のプリントで構成されており、含まれる点数と内容がわずかに異なる内容のコレクションが、他の博物館にいくつか確認されている。各々の写真の台紙裏には印刷されたラベルがあり、『Collection anthropologique du Muséum de Paris』（パリ人類学博物館蔵）の記載と共に情報が添えられる。一部には写真師や撮影日も記載されており、制作時期は概ね一八六〇年代である。記載される写真師には、パウル＝エミール・ミオ、ピエール・ロシエ、ルイ・ルソーなど初期写真史における重要な人物も含まれている。

ほとんどのプリントが単身の肖像写真で、被写体の人種や国籍などが書かれたラベルが貼られており、科学的資料という視

点からこの写真群はまとめられている。フランスの代表としてデュシェーヌ・デ・ベルクールによって集められたフェリーチェ・ベアトのプリントをその数年後にパリで複製したものなど、わずかだが複写によって制作された作品も含まれる。

そして、この写真群には文久二年（一八六二）の竹内遣欧使節団（図1〜3、8）と元治元年（一八六四）の池田遣欧使節団（図4〜7、9、12、13）の肖像写真も含まれている。西欧諸国と結ばれた開港に関する条約の諸条件を再交渉するため、これらの使節団は徳川幕府から派遣された。30名以上に及ぶ使節団は半年から一年をかけて多くのヨーロッパの都市を訪問した。

これは日本の製糸業に対する競争力の不安から日本国内の諸外国の影響範囲を制限する政策を背景にしていた。竹内使節団は安政年間に締結された不平等な条約の内容より長い間、二つの都市と二つの港を開くことを遅らせる任を託されていた。

続く池田使節団も同様の任を負っていたが、条約改定に至らなかったばかりかより短期間での帰国を余儀なくされる。しかし、このような使節であったにもかかわらず、両訪問はヨーロッパにおいて強い関心を引き、当時の出版・新聞で広く報告された。

図5 田辺太一　　　図4 堀江六五郎 　　　図3 箕作秋坪

遣欧使節団を撮ったフィリップ・ポトーとは?

彼らの写真は、パリで働いていたジャック＝フィリップ・ポトー（Jacques-Philippe-Potteau, 1807-1876）によって撮影された。ポトーは魅力的であると共に、謎めいた人物でもある。国立自然史博物館の職員であったが、高位にあったわけではない。このため、現存する記録から経歴を詳らかにすることは困難を極める。わずかに残る資料から、ポトーが一八三八年つまり31歳にはすでに職員であり、一八五三年には将来有望な助手（jeune savant）であると言及されており、主に技師としての役割があてられていたことがわかっている。

また、会計処理上から辿ることができる例として、一八五五年に地質学研究所の鉱石調査のため下準備を行ったことや大理石の研磨と切断を行っていたことがわかる。残念ながらポトーがどのように写真技術の習得したのかはわかっていない。

ただし、ルイ・ルソー（Louis Rousseau, 1811-1874）から技術的訓練を受けた可能性は十分に考えられる。

ポトーと同じ機関に雇用されていたルソーは、一八五六年のナポレオン3世によるグリーンランドへの科学研究遠征において肖像写真の制作を行うなど、民俗学的記録において著名な人物である。つまり、二人は同時期に同じ機関で働いており、ルソーから写真技術を伝えられるチャンスがあったのである。いずれにせよ、ポトーが専念した仕事は、フランスの首都であるパリを訪れた外国人の肖像写真を制作することだった。

撮影は主に自身が持つ職場に近い、パリ植物園付近のスタジオで行われた。自然光によって撮影する当時らしく、悪天候の中で撮影したことがラベルに残る写真も現存している。17世紀に王立薬草園として設立されたパリ植物園は、今日でも外国人の訪れる観光スポットだが、19世紀においてはさらに重要な場所だった。ポトーはここで被写体となる外国人に声をかけたと考えられる。ときには、ひとりで散歩している人を撮り、またあるときは一八三三年にパリに駐屯していたアルジェリアの軽騎兵たちに代表されるような集合写真を撮影した。

ポトーの撮った写真

ポトーの写真で最も歴史的に重要なものは、一八六〇年代にフランスを訪れた諸外国の使節団である。幕府からの二つ

図8 野沢伊久太の部分　　図7 斎藤次郎太郎　　図6 池田筑後守長発

の使節団以外にも、一八六一年にはシャム（現タイ王国）の使節団を、一八六三年にはコーチシナ（現ベトナム南部）の使節団を、一八六六年には中国の使節団をそれぞれ撮影している。

一八六二年の竹内使節団に対してポトーは、全体の1/3を撮影したものの、高位にある人物のほとんどを撮影していない。これに対して、池田使節団では正使の池田長発（図6）から理容師の乙骨亘に至るほとんど全員の撮影を行っている。そして、ポトーによる遣欧使節団の肖像写真群は、彼が到達した成熟期のスタイルだといってよいだろう。

一八六一年のシャム使節では、椅子やテーブルなどの小道具を写し込んでおり、この時代の肖像写真撮影の一般的な手法がとられている。これに対して、翌年の竹内使節ではより被写体に肉迫して人物に焦点をあてており、余計なものが排された写真となっている。すべてではないにせよ、正面と横顔をそれぞれ撮影する手法がポトーの典型といえる。一部には立像の全身像もあるが、大部分は着座した状態で撮影されている。全身像よりもクローズアップとなるため、被写体の人相や皮膚の状態、あるいは被服の形状が強調されることとなる。ポトーはコロディオン湿板方式によって

写真を制作しており、その技術は熟達していた。被写界深度が浅いにも関わらず、彼の写真は細部の先鋭度が高く、注目に値する。

一つの写真（図7）では家紋が裃ときものので異なっていることがわかる。図8は、松平石見守の家来である野沢伊久太の肖像写真に写る刀の束の部分である。ここでは束の鮫革だけでなく、目貫の細部に至るまで克明に写し込まれている。また、通詞（通訳）の塩田三郎（図9）は、当時の日本では少なくなかった天然痘を幼少期に患ったことを示す痘痕まで鮮明に伝えている。

プリントの方法が被写体の地位の高さによって異なっていることも特徴といえる。これは三つに大別することができる。大部分の肖像写真はプリントの四隅が真っ直ぐ切り取られて八角形となっている。少数しか存在しない全身像や立像では、プリントの四隅が丸く切り取られている。そして、使節団の正使をはじめとする最高位に属する人物では、暈しを使って人物を浮かび上がらせるプリント手法がとられている。つまり、地位が高ければ高いほど、手の込んだプリント技術が用いられているのである。

これらのプリントはすべて個々に台紙

図10 福沢諭吉（図2）裏面のラベル

図11 斎藤健次郎

図9 塩田三郎

に貼付されており、一八六〇年代の後半にポトー自身によって制作されたと考えられる。それぞれの台紙裏には、ラベルが貼付されており、これは一見手書きのように見えるが、実は銅版による印刷である。一番上に国立自然史博物館蔵であることが明記され、下に被写体の名前、年齢、生地、使節団における役割や業務、最後に撮影日などが適宜記載されている。

ポトーは聞き慣れない日本語を文字に起こす努力を惜しまず、被写体たちの名前を記述したことが「Souka Sawa」と記された福沢諭吉のラベル（図10）から伺える。わずかに本旨からずれるが、この記述から福沢諭吉がこのとき、フルネームではなく名字のみ名乗った可能性を感じさせる。撮影時の息づかいを直接感じられるようで興味深い。

ラベルの記述は、ポトーの被写体への興味の深さを物語っている。

図11の斎藤健次郎は遣欧使節団の一員ではなく、池田使節団がフランスを訪れた際には既にパリに在住していた人物である。彼についてポトーは、一八六二年（文久二）に横浜を訪れたベルギーの起業家シャルル・ド・モンブラン伯爵によって雇われ、フランスに連れて来られたとラベルに記載している。これらのプリントは販売用か、

あるいは他の博物館や蒐集家と交換する目的でまとまって作られた可能性が高い。例を挙げると、チャールズ・ダーウィンがポトーの写真群を所蔵していたことが知られており、彼は一八七一年に上梓した『人の由来と性に関連した選択』でその存在について触れている。ダーウィンをはじめとする科学的立証の研究資料として使用されたことから、ポトーの写真は人類学的な目的で制作されたと理解されている。

しかし、それはおそらくポトーの意図するところではなかったと思われる。ラベルには、性別の記載もなく、逆に被写体個人の情報が記されている。これらの写真は、民族学的な分類のために制作されたものではなく、純粋なひとりの人間として撮影された肖像写真なのである。

ポトーは、国立自然史博物館の業務の一部として写真を撮影したのではなく、純粋に彼のプライベートなこととして撮影を行ったと考えられる。これは、アルマン・ド・クワトリファージュ人類学教授の指示でポトーのプリントを博物館が時折購入していることからも容易に推察できる。一八六二年の支出記録に例をとれば、竹内使節団の被写体たちそれぞれが持ち帰り写真と、人類学展示室で使用するための写真を購入している。

図14 すみ　　　図13 西吉十郎の横顔　　　図12 西吉十郎

竹内使節団を研究する歴史学者は文献に眼を向けており、非文字文化である視覚媒体は十分に活用されているとはいえない。

近年、ポトーの歴史的位置づけは少しずつだが見直されてきている。

二〇一一年、ピット・リヴァース博物館では、The Last Samurai: Jacques-Philippe Potteau's Photographs of the Japanese Missions to Europe, 1862 and 1864 と題した展示を開催し、これらの写真を展示した。今後さらにポトーの研究が深まることを切に願っている。

クワトリファージュはポトーの写真に強く魅かれておりポトーの著書『人類を学ぶことについての序論 (Introduction à l'étude des races humaines (1887)』など自身の著書に掲載している。正面と横顔というポトーの写真の典型が、この書籍に掲載された銅版画から見いだすことができる。科学的な出版物に掲載されることを通して、ポトーの写真は学術資料として見られるようになり、民俗学的な写真撮影の方法として彼の撮り方がスタンダードとなった。さらに別の例をあげれば、一八七六年一〇月、護衛艦ラ・マジシエンヌ号による地球一周の間でのオランダ語通詞、西吉十郎（池田使節）の正面と横顔の肖像写真がルドヴィク・サバティエ博士に渡されたという事実もある。

ジャック＝フィリップ・ポトーは、一八七一〜七二年頃、写真の原板を国立自然史博物館に寄贈した。彼の著作である写真原板がその後博物館の写真コレクションの基礎になったというだけでなく、それが科学的な機関のコレクションにおいて、写真の重要性を示した点においても重要な出来事だったといえる。人類学者の間では以前からポトーの写真は認められていた。しかし、

●ピット・リヴァース博物館ホームページアドレス
www.pitt-rivers-museum.ox.ac.uk

高松彦三郎 (Pitt Rivers Museum Collection)
撮影者：ジャック＝フィリップ・ポトー　撮影地：フランス・パリ　撮影年：文久2年（1862）
鶏卵紙。竹内使節団小人目付。

福沢諭吉（Pitt Rivers Museum Collection）
撮影者：ジャック＝フィリップ・ポトー　撮影地：フランス・パリ　撮影年：文久2年（1862）
鶏卵紙。竹内使節団定役通詞。

箕作秋坪（Pitt Rivers Museum Collection）
撮影者：ジャック＝フィリップ・ポトー　撮影地：フランス・パリ　撮影年：文久２年（1862）
鶏卵紙。竹内使節団翻訳方。

堀江六五郎 (Pitt Rivers Museum Collection)
撮影者:ジャック=フィリップ・ポトー　撮影地:フランス・パリ　撮影年:元治元年 (1864)
鶏卵紙。池田使節団小人目付。

田辺太一 (Pitt Rivers Museum Collection)
撮影者：ジャック＝フィリップ・ポトー　撮影地：フランス・パリ　撮影年：元治元年（1864）
鶏卵紙。池田使節団外国奉行支配組頭。

池田筑後守長発 (Pitt Rivers Museum Collection)
撮影者：ジャック＝フィリップ・ポトー　撮影地：フランス・パリ　撮影年：元治元年（1864）
鶏卵紙。池田使節団正使。

斎藤次郎太郎 (Pitt Rivers Museum Collection)
撮影者：ジャック＝フィリップ・ポトー　撮影地：フランス・パリ　撮影年：元治元年（1864）
鶏卵紙。池田使節団徒目付。

塩田三郎　(Pitt Rivers Museum Collection)
撮影者：ジャック＝フィリップ・ポトー　撮影地：フランス・パリ　撮影年：元治元年（1864）
鶏卵紙。池田使節団通弁御用出役。

西　吉十郎 (Pitt Rivers Museum Collection)
撮影者：ジャック＝フィリップ・ポトー　撮影地：フランス・パリ　撮影年：元治元年（1864）
鶏卵紙。池田使節団通弁御用頭取。

西 吉十郎の横顔 (Pitt Rivers Museum Collection)
撮影者:ジャック=フィリップ・ポトー　撮影地:フランス・パリ　撮影年:元治元年(1864)
鶏卵紙。池田使節団通弁御用頭取。

斎藤健次郎 (Pitt Rivers Museum Collection)
撮影者：ジャック＝フィリップ・ポトー　撮影地：フランス・パリ　撮影年：元治元年（1864）
鶏卵紙。パリ在住・21歳。

すみ（Pitt Rivers Museum Collection）
撮影者：ジャック＝フィリップ・ポトー　撮影地：フランス・パリ　撮影年：元治元年（1864）
鶏卵紙。パリ万博の日本茶屋で働くため、パリを訪問した３人の若い女性のうちの１人。

文久遣欧使節を写した外国人写真師

アリス・ゴーデンカー 『ジャパン・タイムズ』記者
Alice Gordenker

図1 ヨーロッパへの日本の大使
（Dr. Robert H. Sayers Collection）
下図は写真の裏面。

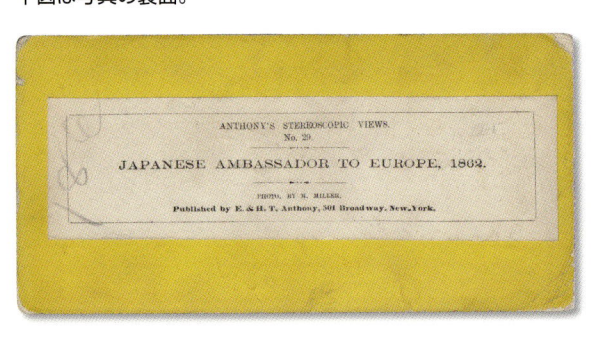

幕末に欧州へ向かった侍たち

一八六一年、幕府は英国をはじめとする五つの条約締結国へ使節団を派遣した。この目的は、即座に開港を求めるこれらの国々に対し、延長の協議をすることだった。竹内保徳（下野守）を正使とする福沢諭吉、福地源一郎を含む総勢三八名（内二名は通訳）の使節は、この任に就き海を渡ったのである。一八六二年一月二十二日（文久元年十二月二十三日）、使節は品川を出発。香港、シンガポール、エジプトを経由し、最初の訪問国であるフランスに到着するまで三ヶ月を要する旅路だった。彼らの道行きは、目的地以前からすでに日本人が訪れたことがない場所であった。このため、どこであっても彼らは注目の的となった。使節団が高名なフランスの写真師ナダール（Nadar, 1820-1910）に撮影されたことはあまりに有名である。このために、使節の写真は少なからずナダール撮影と間違って同定されている。しかし、実際にはヨーロッパの著名な多くの写真師たちが挙って彼らの写真を制作した。本稿では、竹内使節団の人々を撮影した写真師の作例を紹介したい。

使節団はヨーロッパへの途上において

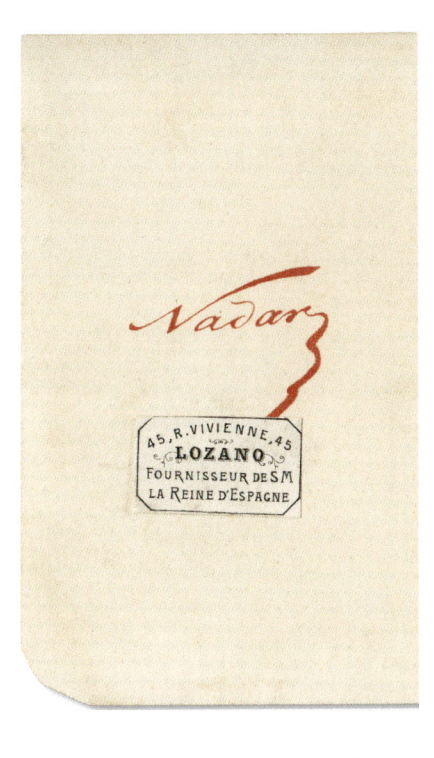

図2 竹内使節団の高官
(Dr. Robert H. Sayers Collection)
ナダール撮影。左より、松平康英（神奈川奉行、副使）、竹内保徳（正使）、京極高朗（目付、副使）、柴田貞太郎（外国奉行支配組頭）。
左図は図2写真の裏面。

パリに到着した一八六二年四月七日（文久二年三月九日）の少しあとに使節の一行は、ナダールのスタジオを訪れて撮影されている。

図2のような集合写真の他、一人一人の肖像写真を全身像として捉えている。無背景の前に像主が配されている点では、ナダールによる他の肖像写真と同様だが、構図は大きく異なる。サラ・ベルナールやボードレールなど、ナダールによる著名な肖像写真は一般に腰上だけにクローズアップしたものが多いのに対して、竹内使節団を捉えた肖像写真はほとんどが立像の全身像である。図2の台紙の裏面にはナダールの特徴的な赤いサインのスタンプが付帯されており、また、その上に、再販者の紙ラベルが張られている。このラベルにはこの業者がスペイン国王御用達であるとの記載がある。

パリ滞在中、使節団はジャック＝フィリップ・ポトー（Jacques-Philippe Potteau, 1807-1876）によっても個々に写真を撮られている。これらの写真は、正面と横顔で撮影されている。なお、ポトーによる遣欧使節団の写真は、本書（92〜109ページ）のフィリップ・グローバー氏によって詳細に言及されているため、こちらを参照戴きたい。

さえ、写真を撮影される機会を得ている。香港に短時間寄港した際も、少なくとも正使、松平康英（神奈川奉行・副使）を含む四名がアメリカ人のミルトン・ミラー（Milton Miller, 1830-1899）のスタジオで肖像写真を撮影されている。

このとき制作された写真の内、二枚はニューヨークのE. & H. T. Anthony社から鶏卵紙のステレオ写真「Japan and China」シリーズとして販売されている（図1写真の裏面参照）。一点は森山多吉郎と日高圭三郎と思われる人物が写るもの（シリーズ番号28）で、もう一点は京極高朗（能登守・目付）が単身で写っている（シリーズ番号29）。

この時に制作されたミラーによる写真の特徴は、模様のない背景と特徴的な幾何学模様の敷物が使われている点である。小道具としてテーブルが用いられる場合、織り柄のある大きなテーブルクロスが用いられることも特徴だろう。また、図1で京極高朗は、当時最新だった連装式の立体写真ビューワーと陣笠の置かれたテーブルの隣に立っている。不思議なことにビューワーは陣笠に隠れてよく見えない。むしろ機材よりも和式の珍しい「陣笠」を固定するための道具として、ビューワーが使われたとみるべきかもしれない。

111

図4 京極高朗（フリア美術館蔵）
ヴァーノン・ヒース撮影。写真表と裏面。

図3 竹内保徳（フリア美術館蔵）
ヴァーノン・ヒース撮影。

フランスとイギリスでの写真

パリを発った一行は、一八六二年四月三十日（文久二年四月二日）にロンドンへ到着した。第二回ロンドン万博開会式の公賓であった一行は、五月一日（四月三日）日本古来の正装で式典に出席した。一行の礼儀正しいふるまいは高く評価され、丁髷で和装の彼らは、市民の好奇心を大いに刺激した。ロンドンでは、上流社会との深いつながりをもつヴァーノン・ヒース（Vernon Heath, 1819-1895）という写真師によって彼らは撮影される。

ヒースは、王室と良好な関係を保っていた。一八六一年、ヒースはビクトリア女王の夫であるアルバートの最後の肖像を撮影した。そして、ビクトリア女王は息子（英国皇太子）の結婚式の写真を撮るようヒースを誘ってもいる。おそらく日本人の撮影は、公式歓迎委員会の誰かがヒースに依頼したと考えられる。

ワシントンのフリア美術館は、ヒースによる竹内保徳（図3）と京極高朗の肖像写真（図4）の二点を収蔵している。これらは共に和装の立像であり、無背景の前に立つ。中央の被写体はレンズに眼を向けている。各々の写真台紙の下部には、ブロック体の文字で被写体の名前が記されている。各々の写真の裏面には、写真師のスタンプが押されており、最上部に王冠、中央には「女王の写真師」と記載されている。そして、写真師の氏名と住所が記載されている。

ヒースの第三の例は、アメリカのコレクターR・H・セーヤーズ氏のコレクションに含まれている。使節団の竹内、松平と京極の三人の集合肖像（図5）は無背景で立っている。この写真の裏面には、ヒースのスタンプは押されていない。しかし、撮り方だけでなく様式についても酷似しており、ヒースの作例であると考えられる。

一八九二年に、ヒースは"Recollections（記憶）"[1]という写真師による最初の伝記本だと言われる自叙伝を発表した。しかし、残念ながらここで日本人の写真を撮影したことには言及していない。ヒースが掲載した地方紙の広告によると、オランダを去る前日である四月十一日に撮影された日本の使節団の写真を販売するとある。[2]この広告の中でヒースは、日本使節をこの国で撮影した唯一の写真群であると述べている。しかし、それは真実ではない。竹内使節団がロンドンにいる間、王室との良好な関係を持つもう一人の写真師も

112

図6 **太田源三郎**（フリア美術館蔵）
カルデシィ撮影。写真表と裏面。

図5 **集合肖像**
(Dr. Robert H. Sayers Collection)
ヴァーノン・ヒース撮影。左より竹内保徳、松平康英、京極高朗。

日本人の写真を撮っている。その写真師はレオニダ・カルデシィ（Leonida Caldesi, 1823-1891）。当時ロンドンで活動するトップクラスの写真師と考えられるイタリア人である。

カルデシィは、政治亡命者として一八五〇年頃イギリスへ渡り、美術品の写真を専門として名声を高めた。一八六〇年、王室所蔵の最高のコレクションである絵画を撮影するために、カルデシィのスタジオへ動かすことさえしている。そして、彼は皇族から数多くの依頼を受けた。フリア美術館は竹内使節団を撮影したカルデシィの写真一点を収蔵している（図6）。

この写真について、所蔵館には被写体に関する情報はない。和服を着て黒頭巾を被っており、凝った装飾のテーブルに腕を置いている。左側には大きな椅子があり、描かれたバルコニーを背景に人物が全身で写る。

なお、"Caldesi Co." の記載がある竹内使節団の写真が数年前に売りに出されている。この写真は川崎道民の肖像写真で和服を着た立像だが、太田源三郎とは異なるカーテンや家具などの小道具が用いられたスタジオで撮影されたものである。これらの小道具について、他の写真師の作例にも類例を見付けられていない。そして、カル

デシィの名前が台紙表面に記される遣欧使節団の写真である以上、写真師は同様である可能性は高い。だが、この落札者については残念ながらわかっていない。更なる調査は、所在の判明を待ってから行われることだろう。

また、竹内使節団の三名による集合と思われる写真が今年六月にeBay（アメリカのインターネットオークション）に出品されていた。この台紙裏にはカルデシィのスタンプがあり、落札金額は一三〇〇ドル以上だった。残念ながらこちらについても所在は不明である。『ブリティッシュ・ジャーナル・オブ・フォトグラフィ』によると、一八六二年六月、ロンドン写真協会の会議でカルデシィ撮影の日本人の肖像写真が提示された。遣欧使節の肖像は全身像で、まったく新しいサイズで制作されており「新しいアルバム肖像」と呼ばれたとレポートでは強調しており、"6×3.5 inch（約15.2×8.9 cm）のサイズで人物の大きさは 5 inch（12.7 cm）"だったという。

カルデシィが竹内使節団の写真をいったい何枚制作したのかについてはわかっていない。しかし、今後カルデシィ撮影の写真が発見される可能性は高いように思われる。また、ディケンソンやディヴィズなどこのほかにも竹内使節団の人々を撮影した

113

被写体	所蔵	所蔵　原語
松平、京極	個人蔵	R. H. Sayers Collection 他
多数	東京大学史料編纂所	
多数	ピットリバース博物館	Pitt Rivers Museum
竹内、松平、京極とその三人の集団写真、合計4枚は確認	フリア美術館、個人蔵	Freer Gallery と R. H. Sayers Collection
太田源三郎、川崎道民	フリア美術館、個人蔵	Freer Gallery
多数	個人蔵	
不詳	個人蔵	
多数	オランダ Royal Archive	Koninklijk Huisarchief
多数	オランダ Royal Archive	Koninklijk Huisarchief
多数	ユトレヒトの貨幣博物館	Geldmuseum*
椅子に座る福沢諭吉、「馬上の」福地源一郎	福沢研究センター、他	
5人集団写真	デンマーク国立歴史博物館	Nationalhistoriske Museum
不詳	不詳	
不詳	不詳	
福沢諭吉の全身肖像	福沢研究センター	
福沢諭吉を含む23枚の肖像写真	外務省外交史料館	
福沢諭吉の全身肖像	福沢研究センター	
全身肖像写真12枚	東京国立博物館	

*2013年に閉館

写真が見つかっている。イギリスで彼らを撮った写真師が今後も見つかる可能性は高いといえる。

オランダ他での写真

次に、オランダの滞在に竹内使節団はハーグで少なくとも二回は撮影されている。初回は、オランダ人写真師ロバート・セベリン (Robert Severin, 1839-1883) に六月三十日 (文久二年六月四日) と七月一日 (文久二年六月五日) によって撮影された。

セベリンは、竹内使節団歓迎の委員会の委員長でありウィリアム三世王の側近でもあるJ・M・ラインデン伯爵 (Earl J. M. Lijnden, 生没年不明) から指名されたと考えられる。このラインデン伯爵はそれ以前に、法廷写真師としてのセベリンの指名に関与していたことがわかっている。この時撮影された写真は、四七ページのアルバムに編纂され、ウィリアム三世に献上された。セベリンは同年七月八日の地方紙に広告を出し、名刺判および更に大きなサイズの竹内使節団の写真を販売する旨を

伝えている。女性写真師マリア・ヒレー (Maria Hille, 1827-1893) によっても撮影されている。七月十五日から十七日にかけて竹内使節団は造幣局を見学するため、ユトレヒトを訪ねており、ここではF・カイザー (F. Kayser, 生没年不明) という写真師にも撮影されている。この時制作された三一枚の写真によるアルバムは、現在ユトレヒトの貨幣博物館に収蔵されていたが、昨年閉館しており現在このアルバムの行方はわかっていない。

この後、彼らはプロシア (現ドイツ) に向かい、ここでも最低四名の写真師に撮られている。また、ロシアでも撮られていることが確認されている。

ナダールの影になった写真師たち

竹内保徳率いる使節団は、本来の目的であった開市開港を五年間延期する任についてラザフォード・オールコックの協力を得ることで成功した。これと同時に、当時の最先端科学技術である写真を各国で撮影し、当時のヨーロッパ各国と日本の違いを彼ら自身が感じるだけでなく、自国に持ち帰ることが可能になったのである。先に述べたようにパリのナダールだけでなく、訪問した各国で撮影されたことから

撮影国	撮影地	撮影者 カタカナ	撮影者（原語表記）	撮影者の生没年	撮影日
香港	香港	ミラー	Milton Miller	1830〜1899	1月頃
フランス	パリ	ナダール	Nadar	1820〜1910	4月7日〜29日の間
		ポトー	Jacques-Philippe Potteau	1807〜1876	4月7日〜29日の間
イギリス	ロンドン	ヴァーノン・ヒース	Vernon Heath	1819〜1895	6月11日
		カルデシィ	L. Caldesi	1823〜1891	4月30日〜6月11日の
		ディケンソン	Dickinson	不詳	4月30日〜6月11日の
		ディヴィス	Davis	不詳	4月30日〜6月11日の
オランダ	デン・ハーグ	セベリン	Robert Severin	1839〜1883	6月30日、7月1日
		マリア・ヒレー	Maria Hille	1827〜1893	6月14日〜7月16日の
	ユトヒレト	F・カイザー	F. Kayser	不詳	7月15〜17日
プロシア	ベルリン	P・ベグナー	P. Biegner & Co.	不詳	7月18日〜8月5日の
		ハーゼ	L. Haase & Co.	不詳	7月22日〜30日の間
		モーザー	Moser & Senftner	不詳	7月18日〜8月5日の
		メルツァー	Meltzer	不詳	7月18日〜8月5日の
		撮影者不詳	-	-	7月18日〜8月5日の
		撮影者不詳	-	-	7月18日〜8月5日の
ロシア	ペテルブルク	撮影者不詳	-	-	8月8日〜9月17日の
不明		ロビヤルド	Robillard	-	不詳

日本人を撮影したヨーロッパの写真家たち

内遣欧使節団へ向けられたヨーロッパの視線を詳らかにすることは、単に写真史上の重要さに留まらず、江戸期の日本へ向けられた文字として残らなかったヨーロッパの視線を詳らかにすることに繋がると考えられる。

窺い知ることができる。今後、これらの写真が更に発見され続けるであろうことは、想像に難くない。これらの発見によって、ナダールの視線だけが使節団へ向けられたものではないことが明らかになるだろう。竹

註
1　Encyclopedia of Nineteenth-Century Photography, Hannavy, John (ed.), Routledge, 2013, P・966 参照。
2　The Morning Post, April 14, 1892. See also Journal of the Photographic Society, April 16, 1892, P・77 参照。
3　Encyclopedia of Nineteenth-Century Photography, Hannavy, John (ed.), Routledge, 2013, p. 237 参照。
4　石黒敬章『幕末・明治の肖像写真』（角川学芸出版、2009年）P・25 参照。
5　British Journal of Photography, 16 June 1862, P・234 参照

● 「フリア美術館蔵」is= Arthur M. Freer Gallery of Art and Sackler Gallery Archives, Smithsonian Institution.

ヨーロッパへの日本の大使 (Dr. Robert H. Sayers Collection)

撮影者：ミルトン・ミラー　撮影地：香港　撮影年：文久2年（1862）

鶏卵紙。アンソニーステレオ写真シリーズ　#29。この鶏卵紙のステレオ写真の像主は、京極高朗である。いくつかの英文サイトの記述では Matsuki Koan となっており、明らかな間違である。京極のとなりのテーブルには「ベッカータイプ」という当時最新だった連装式の立体写真ビューワーが置かれている。京極が興味を持ったためか、上部の採光用窓が開かれて写っている。

ヨーロッパへの日本の大使 (フリア美術館蔵)

撮影者：ヴァーノン・ヒース　撮影地：イギリス・ロンドン　撮影年：文久2年（1862）鶏卵紙。文久遣欧使節団の正使・竹内下野守保徳。幕臣。竹内は箱館奉行や勘定奉行などを務めたこともあり、堅実な外交感覚もあり、人望も厚い人物であった。

太田源三郎（フリア美術館蔵）
撮影者：カルデシィ　撮影地：イギリス・ロンドン　撮影年：文久2年（1862）
鶏卵紙。

杉新助（石黒敬章氏蔵）
撮影者∷セベリン　撮影地∷オランダ・デン・ハーグ　撮影年∷文久2年（1862）鶏卵紙。

Sugi Sin-ske

Matsuki Kooan.

松木弘安 （石黒敬章氏蔵）
撮影者：ディケンソン　撮影地：イギリス・ロンドン　撮影年：文久2年（1862）
鶏卵紙。

Futsinobe Tokuzoo

淵邊徳蔵 （石黒敬章氏蔵）
撮影者：セベリン　撮影地：オランダ・デン・ハーグ　撮影年：文久2年（1862）

箕作秋坪（石黒敬章氏蔵）
撮影者：マリア・ヒレー　撮影地：オランダ・デン・ハーグ　撮影年：文久2年（1862）
鶏卵紙。

Mitsukuri Biuhei

福沢諭吉 （石黒敬章氏蔵）

撮影者：セベリン　撮影地：オランダ・デン・ハーグ　撮影年：文久2年（1862）鶏卵紙。

初めてダゲレオタイプに写された日本人

鳥海早喜　日本大学芸術学部研究員

米国新聞『イラストレイテッド・ニュース』（日本カメラ博物館蔵）1853年1月22日号付。「日本人の船乗りたち」と題された記事。新聞に掲載されている図版は、マークスのダゲレオタイプをもとにフランク・レスリーが木版画にしたものである。

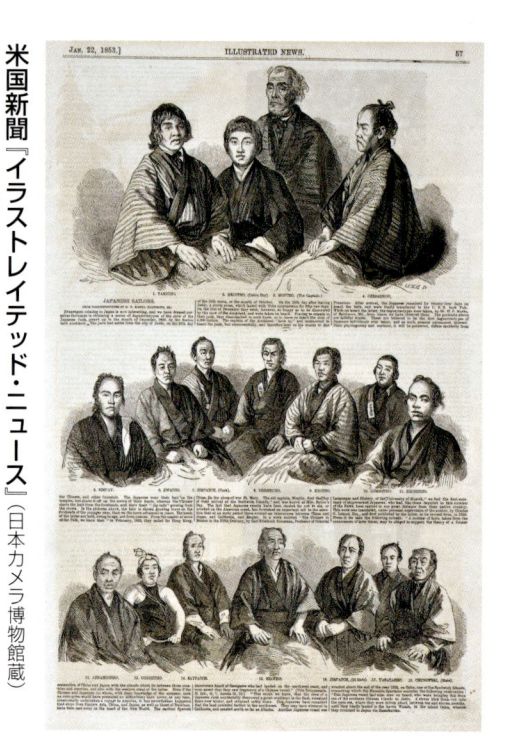

ダゲレオタイプ発明と栄力丸の漂流

ダゲレオタイプは、ダゲール（Louis Jacques Mandé Daguerre 1787-1851）によって発明され、一八三九年（天保十）にフランスで公表された世界で最初の写真である。その技法は、表面に銀を鍍金した銅板にヨウ素を作用させ、水銀蒸気によって現像するものであった。公表後、すぐにダゲレオタイプ機材一式の発売が開始され、その後6ヶ国語に翻訳された手引書が刊行された。さらに塩化金による調色や塩素と臭素による増感方法といった改善策も発明され、ダゲレオタイプは瞬く間に欧米世界に広まった。日本へも公表後間もなく情報が伝わり、嘉永元年（一八四八）にはダゲレオタイプ一式が輸入されている。しかし、現存する日本人が撮影したものは、安政四年（一八五七）に制作された「島津斉彬像」のみである。ダゲレオタイプは、日本ではあまり普及しなかったと考えられる。この ため、鎖国下や開国直後の日本人や風景をダゲレオタイプにおさめたのは外国人たちであった。

日本関連のダゲレオタイプは現在18点発見されている（次頁表）。このうち、モジャイスキーと宇宿彦右衛門らによるも

	撮影年	撮影者	被写体	所蔵
1	嘉永四～五(1851-1852)年	H・R・マークス	慎兵衛	川崎市市民ミュージアム
2			岩蔵	川崎市市民ミュージアム
3			亀蔵	横浜美術館
4			仙太郎	横浜美術館
5			利七	日本カメラ博物館
6			仙太郎	ピーボディエッセックス博物館
7			彦蔵	個人蔵
8	嘉永七(1854)年	エリファレット・ブラウンJr	松前勘解由と従者像	松前町郷土資料館
9			石塚官蔵と従者像	市立函館博物館寄託
10			遠藤又左衛門と従者像	横浜美術館
11			田中光儀像	東京都写真美術館寄託
12			黒川嘉兵衛像	日本大学芸術学部寄託
13			名村五八郎像	ビショップ博物館
14	嘉永七(1854)年	A・F・モジャイスキー	玉泉寺住職・眉毛和尚	下田・玉泉寺
15	安政二(1855)年	撮影者不詳	下田・玉泉寺のアメリカ人基地	ジョージ・イーストマン・ハウス国際写真博物館
16	安政四(1857)年	宇宿彦右衛門ら	島津斉彬像	鹿児島市・尚古集成館
17	万延元(1860)年	C・D・フレデリックス	野々村市之進像	東京都写真美術館
18			安田善一郎像	東京大学史料編纂所

玉泉寺住職・眉毛和尚（玉泉寺蔵）
撮影者：A・F・モジャイスキー　撮影地：下田　撮影年：嘉永7年(1854)
ダゲレオタイプ。ペリー艦隊が再来航したこの年に、同じく開港交渉のために来航したロシア艦ディアナ号に乗船していた海軍士官モジャイスキーによる肖像写真。玉泉寺は安政3年(1856)からアメリカの総領事館となっている。

のを除いては、アメリカ人による制作である。ダゲレオタイプはフランスで発明されたが、特にアメリカで熱狂的に受容された。その人気は、欧州で次世代のガラス板を支持体とするコロジオン湿板方式や鶏卵紙印画が主流となった後も「ダゲレオタイピスト」と呼ばれる写真家達が活躍し続けていたほどであった。

日本人が初めて写真に写されたのはアメリカの写真師H. R.マークス(Harvey. R. Marks 1821-1902)によるダゲレオタイプであった。

他のダゲレオタイプでは各藩の関係者や使者など身分の高い人物が写されているのに対し、マークスの写真には庶民的な和装の日本人が写しこまれている。それは、金属が支持体であるダゲレオタイプの煌びやかな様子とは不釣合いにさえ見える。マークスに写された彼らは、いずれも嘉永三年十月二十日（一八五〇年十一月二十三日）に大阪港を出港した播州（現・兵庫県）の樽廻船

亀蔵（横浜美術館蔵）
H・R・マークス撮影。栄力丸乗組員。

岩蔵（川崎市民ミュージアム蔵）
H・R・マークス撮影。栄力丸乗組員。

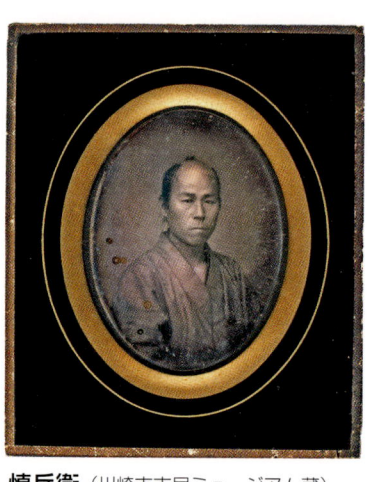

慎兵衛（川崎市民ミュージアム蔵）
H・R・マークス撮影。栄力丸乗組員。

栄力丸の乗組員であった。

栄力丸は、17名の船員を乗せた大阪・江戸間で荷を運ぶ千五百石の新造船であった。江戸へ酒や砂糖などの積荷を運び終えた栄力丸は、その帰路、大王崎沖（現・三重県）で遭難する。舵も帆柱も失った栄力丸はその後53日もの間、海上を彷徨い続けた。そして、船員たちが諦めかけた朝、アメリカ商船オークランド号に救助された。42日後、船員たちはサンフランシスコに到り着き、帰国を目指して軍艦ポーク号に乗り移る。この時、サンフランシスコに来ていたのがボルチモアの写真家マークスであった。

弘化四年（一八四七）にメリーランド州ボルチモアに開業したマークスは、3名の従業員を抱え、1年に5000枚もの写真を制作する写真館主であった。ゴールドラッシュに沸くサンフランシスコを訪れていたマークスに、ポーク号に乗船していた物珍しい日本人の姿を撮影した。船員たちは、日本の庶民らしい和装の着物を纏って撮影されている。しかし、船員たちには着港以前に洋服が支給されていることが分かっており、マークスが撮影する際に「日本人らしく」写るよう、洋服から着物に着替えさせたものと考えられる。

このようにして、鎖国下であったにもかかわらず漂流という不幸な偶然をきっかけに、栄力丸の船員たちは日本人として初めて写真に写されたのである。現存する写真は6名のみだが、『イラストレイテッド・ニュース』（一八五三年一月二十二日付）にダゲレオタイプをもとに作成された全員の版画が掲載されていることを考えると、17名全員が撮影されたものと考えられる。

漂流民たちの激動の生涯

ダゲレオタイプに写された栄力丸の船員たちは、その後激動の人生を送っている。

「仙太郎」（別名：仙八、サム・パッチ）は、イギリス領事館付通事として帰国するが、わずか半年後に品川高輪の東禅寺門前で刺殺された。また、遭難時わずか13歳の少年であった「彦蔵」（別名：ジョセフ・ヒコ）は、日本人の帰化第一号となり、帰国後はアメリカ領事館に勤め、日本人として唯一リンカーン（Abraham Lincoln 1809-1865）とも会見している。ほかの船員「岩蔵」（別名：伝吉、ダン・ケッチ）は、開国を求めるペリー艦隊サスケハナ号に三等水兵として乗船し、浦賀に来航している。帰国後はエドワード・ワーレン・クラーク（Edward Warren Clark 1849-1907）の家に仕えた。

利七（日本カメラ博物館蔵）
H・R・マークス撮影。栄力丸乗組員。

仙太郎（横浜美術館蔵）
H・R・マークス撮影。栄力丸乗組員。

員たちも姫路藩の西洋帆船建造計画の立役者になるなど、彼らのその後はいずれも興味深いものばかりである。詳細は漂流記や船員の自伝に詳しいので、是非そちらを読んでいただきたい。

写真に関する逸話も残っている。アメリカ領事館付通事として帰国した彦蔵は、再会した兄に、サンフランシスコでヴァン・リード（Eugene Miller Van Reed, 1835-1873）と撮影したアンブロタイプの写真を手渡している。郷里へ戻った兄は、親類や友人に彦蔵の無事を伝えるとともにその写真を見せて回った。その半年後、役人が兄のもとを訪れ6週間閉じ込めた挙句、写真を取り上げてしまう。しばらくの後、「家族以外には、だれにも見せることはまかりならぬ」との厳重注意付きで写真は返却されたという。情勢不安な幕末の日本で、日本人と外国人が親しげに写っている写真を所持していたことが、このような対応をとらせたのであろう。

また、前述のとおり日本写真史では、嘉永元年（一八四八）に写真機が伝来したとされている。このため、現在へ繋がる写真文化が直ちに拡大したかのように考えがちである。しかし、それはただひとつの機材が、一大名に伝来したのみであったのである。日本人写真師も未だ営業を開始して

いなかった当時、写真はまだまだ摩訶不思議で不可解な存在だったのである。

日本人が写す最古のダゲレオタイプは、小さな村の船乗りたち17名が漂流の末にアメリカで制作されたものであった。それは運命的ともいえる偶然の連鎖によるものであったといえる。現在では、わずか10時間で行くことの出来るサンフランシスコに、船員たちは約100日間もの時を経てようやく辿り着いたのである。しかも、その漂流と航海は閉ざされた日本しか知らなかった彼らにとって、衝撃的なまでに世界の広さを体感させるものであった。

不安と好奇が入り混じった表情を浮かべる庶民的な日本人の姿と、光り輝くダゲレオタイプという独特の違和感をもつこれらの写真は、文献資料だけでは得ることができないリアリティと当時の空気を直接的に我々に伝えてくれるのである。

参考文献：高橋則英 2006「重要文化財となった写真ブラウン・ジュニア銀板写真を中心に―」『日本写真協会会報』No.426 日本写真協会、Terry Bennet. 2006. OLD JAPAN PHOTOGRAPHS. Bernard Quaritch Ltd.、栄力丸に関する文献の一例として 足立和 1990『ペリー艦隊 黒船に乗っていた日本人―「栄力丸」17名の漂流人生―』株式会社徳間書店、ジョセフ・ヒコ（山口修、中川努訳）1964『アメリカ彦蔵自伝』株式会社平凡社、茂住實男 2013「栄力丸漂流民利七の異文化理解」『大倉山論集』第59巻 大倉精神文化研究所 などがある。

松前勘解由と従者像（松前町郷土資料館蔵）
撮影者：エリファレット・ブラウンJr　撮影地：箱館　撮影年：嘉永7年（1854）
ダゲレオタイプ。松前勘解由はペリーの箱館来航に際して応接使を務めた。この時の対応は「松前勘解由のコンニャク問答」としてよく知られている。のちには松前藩筆頭家老となっている。

石塚官蔵と従者像（市立函館博物館蔵・函館市中央図書館提供）
撮影者：エリファレット・ブラウン Jr　撮影地：箱館　撮影年：嘉永7年（1854）
ダゲレオタイプ。松前藩士であった石塚官蔵は、松前勘解由の配下としてペリーの応対にあたった。従者たちはそれぞれ笠、草履、槍を手にしている。画面右下には刻まれた「E. Brown Jr Hakotadi Japan 1854」の文字がはっきりと見てとれる。

田中光儀像（東京都写真美術館寄託）
撮影者：エリファレット・ブラウン Jr　撮影地：下田　撮影年：嘉永 7 年（1854）
ダゲレオタイプ。田中光儀は浦賀奉行所与力として、ペリー艦隊を迎えた。E. ブラウン・ジュニアによる一連の写真は、アメリカタイプと呼ばれる開閉可能なケースに納められている。

野々村市之進像（東京都写真美術館蔵）
撮影者：C・D・フレデリックス　撮影地：ニューヨーク　撮影年：万延元年（1860）
ダゲレオタイプ。野々村市之進は、第一回遣米使節団の副使従者。遣米使節団がニューヨークを訪れた際に、ブロードウェイで開業していたフレデリックスによって撮影された。当時、ヨーロッパにおいてダゲレオタイプは既に主流ではなかったが、アメリカではまだダゲレオタイプが好んで制作されていた。

遠藤又左衛門と従者像（横浜美術館蔵）
撮影者：エリファレット・ブラウンJr　撮影地：箱館　撮影年：嘉永7年（1854）
ダゲレオタイプ。ダゲレオタイプは左右逆像に写される技法である。このことから主像である松前藩士・遠藤又左衛門は襟の重なりや刀の位置などが配慮されているが、従者たちは通常のままであったためか襟や刀が遠藤又左衛門とは逆になっている。

利七（日本カメラ博物館蔵）
撮影者：H・R・マークス　撮影地：サンフランシスコ　撮影年：嘉永4～5年（1851～52）
ダゲレオタイプ。写真術に感銘を受けた利七は現地の写真家に教えを請うたが、1年半程の時間が必要だと返答を受け断念したと漂流記談の中で述べている。その考えや帰国時期などが異なっていれば、利七は日本写真開祖の一人となっていたかもしれない。

慎兵衛（川崎市市民ミュージアム蔵）

撮影者：H・R・マークス　撮影地：サンフランシスコ　撮影年：嘉永4〜5年（1851〜52）
ダゲレオタイプ。この写真は「慎兵衛」として広く知られているが、栄力丸に関する史料には慎兵衛という名を見ない。そのため、『イラストレイテッド・ニュース』に記された「SIMPAY」から推測されたと考えられる。栄力丸乗組員の名前を考慮すると、慎兵衛ではなく甚八の可能性もあるが、紙面には「JIMPATCH」の名があるため現状の史料では特定は難しい。

岩蔵（川崎市市民ミュージアム蔵）
撮影者：H・R・マークス　撮影地：サンフランシスコ　撮影年：嘉永4～5年（1851～52）
ダゲレオタイプ。岩蔵は、イギリス領事館付通事として帰国する。半年後に刺殺され、麻布の光林寺に「ダン・ケッチ」として埋葬された。栄力丸乗組員らの写真はアメリカで撮影されたものであるが、アメリカタイプのケースではなくフランスタイプと呼ばれる額装で仕上げられている。

亀蔵（横浜美術館蔵）
撮影者：H・R・マークス　撮影地：サンフランシスコ　撮影年：嘉永4～5年（1851～52）
ダゲレオタイプ。遣米使節団を乗せた軍艦ナイヤガラ号が香港で給水中に亀蔵と出会い、漂流民の中で最も遅く万延元年（1860）に帰国する。『イラストレイテッド・ニュース』には異なる衣服を着た姿で、「COMMETHO」として二人描かれている。

仙太郎（横浜美術館蔵）
撮影者：H・R・マークス　撮影地：サンフランシスコ　撮影年：嘉永4〜5年（1851〜52）
ダゲレオタイプ。炊として栄力丸に乗船していた仙太郎は、写真が撮影されたポーク号でも料理の腕をふるっていた。また、休日になると教会に通っておりアメリカ文化への適応能力の高さが窺える。仙太郎はサム・パッチと名乗り、ペリー艦隊サスケハナ号に三等水兵として乗船し、浦賀に来航している。

初期写真に見る幕末明治の服飾

藤井裕子　東京家政大学博物館保存論講師

図1　親友 （横浜開港資料館蔵）
フェリーチェ・ベアト撮影。祭日用の着物を着た親友。

往時の姿を偲ばせる初期写真

幕末明治期の日本人の姿は、スイス大使アンベールを筆頭に日本に滞在した多くの外国人による日記や回顧録に記されている。これらにおいて、女性の衣服や生活スタイルが詳細に記述されている点も興味深い。既婚女性のお歯黒が野蛮で醜いとされる一方、日本女性は美しくしとやかで、黒い髪と黒い瞳は魅力的であると賞される。同時に、女性たちの姿は当時の風俗を写した写真に多く残されている。下岡蓮杖やフェリーチェ・ベアトらを出発点とするこれらの風俗写真は、国内向けというよりも海外へのお土産品としての需要が高かった。この点はそのまま写真の内容にも反映されており、外国人の眼に興味深く映った風俗が画像として残されたと思われる。本稿では、これらの風俗写真から、幕末明治期を象徴する衣服の特徴を鮮明に残している作例を、帯、流行、着物の三つの視点に分けて紹介していきたい。

帯

初期写真に写る帯の素材や流行について考察したい。

図3 **散歩**（横浜開港資料館蔵）
フェリーチェ・ベアト撮影。

図2 **親友**（横浜開港資料館蔵）
フェリーチェ・ベアト撮影。

図1、2は、フェリーチェ・ベアト（一八三四〜一九〇六）によって撮影された写真である。この写真が収録されているアルバム（『Photographic Views of Japan By Signor F. Beato with Historical and Descriptive Notes, Compiled from Authentic Sources; and Personal Observations during a Residence of Several Years（写真で見る日本：数年に渡る滞在に基づく知識と信頼できる情報源による歴史観で編纂された解説付き）』）には横浜駐留英国兵将校のジェームズ・ウィリアム・マレーが明治初年に記した解説および説明が、一点一点添えられている。

このような幕末明治期の様子を写した写真アルバムは、明治中期頃には輸出産品として一項目を立てるほどの規模を形成するにいたる。ベアトによるこの写真アルバムは、巨大なマーケットに成長する「横浜写真」アルバムの原点といえる。

このアルバムの中に掲載される二点は類似した構図をとり、共に左側に立つ女性は後ろ姿で写されている。これら二点の写真についてマレーは、中流階級の未婚の若い女性であることを述べたのち、髪型、衣服について触れ、帯のすばらしさや結び方にも関心を示している。

では、この帯はどのような素材であろうか。

江戸時代から明治時代に主流となった帯生地には、繻子（しゅす）、綸子（りんず）、緞子（どんす）、縮緬（ちりめん）、縮珍（ちんちん）、金襴（きんらん）、博多、ビロード、厚板（あついた）、錦（にしき）などがある。二点の写真にみられる帯は、共に光沢感が感じられず、張りがある印象を受ける。このことに模様の特徴を加味すると、二点の写真で女性が締める帯は、錦の帯である可能性が高いと考えられる。

色合いについては、現存する明治時代の帯から推察すると、薄茶や金茶であると思われる。

明治時代には、袋帯や名古屋帯はまだ存在しない。二点は共布で仕立てられており、帯の幅も加味すると丸帯（広幅の帯地を二つ折にして縫い合わせたもの）であろう。当時の錦の丸帯は格の高い帯として使用され、高価であったことから、写真に写る女性は上流階級から中流階級の女性であると考えられる。マレーの解説に中流階級の未婚の若い女性とあることからも、この素材である可能性が高まるのである。

次に図3を見たい。この右側に写る女性は、腰部分に帯とは異なる紐状のものを締めている。これは、「しごき帯」であろう。明治初期頃まで女性は室内では着物の裾や型を引きずって着用しており、外出には「し

139

図4 化粧をする女性 (放送大学附属図書館蔵) フェリーチェ・ベアト撮影。

ごき帯)」を用いて「からげる（おはしょりをとる）」ことで着物の裾が地面に触れることを防ぎ、また足運びを楽にした。明治中期頃からは、現在と同様に、着つける時からおはしょりをとるため、しごき帯は婚礼をはじめとする儀礼的な場面で使用されるのみとなった。

また、左の女性は明治時代に広く使用されたパチン式と思われる金具のついた帯留（帯の上に結んで押え留める紐）を使用している。一方、右側の女性は帯留や帯枕などの道具を使用していない。江戸時代から帯留は存在したとされるが、明治初期にはまだ帯留を使用しない姿も多く見受けられると考えられる。これらのことから、図3は、江戸時代の様式と明治時代の様式それぞれを纏う女性が一枚の写真に写っている興味深い作例であると言える。

流行

図4は、化粧をする女性を撮影した作例で、半肩を露出させ化粧をする姿は海外で人気があったのか、いくつかの事例が見られる。本図では、被写体の着物の袖口から袂に注目したい。はだけた着物の左の袖口から下に数本合

わせた糸が見え、袂の先に房がつけられている。これは明治初期に町娘の単の着物に流行した装飾である。その発祥時期は定かではないが、歌舞伎の衣裳にも類似した装飾が見られる。流行は移り変わりが激しく、時が過ぎ去ってしまえばその姿を見ることは難しい。この写真はヴィヴィドにこの流行を写し出している。

図3の左側に写る女性や図5の女性の袖口にも類似した装飾が見られ、現存資料が少ない幕末明治期の服飾文化を知る上で、初期写真の貴重さを物語る例であると考えられる。残された女性の画像としては、浮世絵に代表される絵画もあげられるが、描き手が流行に着目していなければ、容易に省略されてしまう。この点、写真は写真師の興味に関わらず、その姿を現在に伝える。

着物

明治時代の若い女性の着物は、鼠や濃紺などの渋く落ち着いた色調のものであった。模様は褄や裾のみに表されることが多く、上半身のみ撮影した肖像写真で無地の着物のように思えるものも、画像の外に模様がある可能性が高い。このような様式は、奢侈禁止令によって刺繍や華やかな色

袖の左の袖口から袂に注目したい。はだけた着物

140

図6 **田舎の娘**（横浜開港資料館蔵）
フェリーチェ・ベアト撮影。

図5 **袖に房飾のある着物を着た女**
（日本国際文化研究センター蔵）
ライムント・シュティルフリート撮影。

彩が禁止された江戸時代の町人女性の着物の様式が継承されたためで、明治時代中期〜後期まで続く。幕末明治期の女性は通常であればあまり人目に触れない部分に華やかな模様を配したり、近くで見ないと気がつかないような細かな模様を施したりして楽しんだと思われる。

図6の女性は二枚の着物の上着の裾を帯の間に挟み込んで重ねているため、下の着物が露出している。上の着物は帯に裾部分を挟み込んでいるため、一見無地に思えるが、この時代の着物の特徴から、裾部分に模様が描かれていると考えられる。

また、下に見えている着物は総模様であると考えられ、もともと二枚一組の着物ではなく、着装者のアレンジによるものだと考えられる。写真のように、実際に裾を帯に挟み込む場面は少なく、通常であれば目に触れることはほとんどないが、このような構図で写真を撮った背景には、ベアトが当時の女性の着物のおしゃれを理解していたからに他ならないだろう。

おわりに

着物が日常着とは言えなくなった現在の視点から見ても初期写真に写る当時の服飾は美しく、とても興味深いと感じられるのではないだろうか。

ここには当時の日本での日常的な姿が残されていることも重要なことだろう。七五三の記念写真の例を出すまでもなく、本来写真は非日常的な存在だったはずである。しかし、開国に伴う直接的な国際交流によって、日本文化そのものを非日常と感じる外国人の来訪によって、これらの風俗写真は撮影された。そして、二十一世紀の私たちは、時間という大海原を越えて、やはり非日常として彼女たちの風俗を垣間見るのである。

このような日本の風俗写真はまだまだ海外に残っていると考えられる。これらを分析することで、未だ明らかになっていない幕末明治期の服飾文化の豊かさが明らかになる。服飾文化の視点から初期写真を分析する楽しさは、当分のあいだわれたちを楽しませ続けてくれることだろう。

141

親友（横浜開港資料館蔵）
撮影者：フェリーチェ・ベアト　撮影地：不詳　撮影年：慶応4～明治元年（1868）
鶏卵紙。江戸時代の帯結びの種類は数百あると言われている。左側の後ろ向きの女性の帯結びは、現在見ることのない「ちどりむすび」であると思われる。

親友（横浜開港資料館蔵）
撮影者：フェリーチェ・ベアト　撮影地：不詳　撮影年：不明
鶏卵紙。142ページの図版と類似した構図をとっている。背中をみせることによって、帯の結び方や模様がみてとれる。

散歩（横浜開港資料館蔵）
撮影者：フェリーチェ・ベアト　撮影地：不詳　撮影年：不明
鶏卵紙。左側にうつる女性の着物の袂の袖口に糸の飾りがある。これは明治初期に町娘の単の着物に流行したものである。

田舎の娘（横浜開港資料館蔵）
撮影者：フェリーチェ・ベアト　撮影地：不詳　撮影年：不明
幕末明治期の女性の着物は、人眼に触れない部分に華やかな模様を配されることが多い。この女性の着物も下に見える裾部分に華やかな模様があり、歩く際に見え隠れしたとうかがえる。

古写真と浮世絵

風景写真に見る外国人の視点・日本人の視点

松本 健　日本写真芸術学会会員

図1 『江戸名所四十八景　葵坂』（港区立港郷土資料館蔵）
二代歌川広重。

フェリーチェ・ベアトの視点

　安政六年（一八五九）、長い鎖国の時代が終わり、開港地横浜に多くの外国人が上陸するようになると、写真の技術も本格的に上陸することとなった。

　幕末・明治期に来日した外国人写真師は多いが、中でも文久三年（一八六三）に来日したフェリーチェ・ベアトが残した数多くの写真は、開港によって急速に西欧化してゆく直前の日本のありのままの姿を伝えるものであり、現在では当時の日本の姿を知る上で欠くことのできない画像資料となっている。

　ベアトが日本で撮影した写真は、極東の島国の珍しい景観を西洋に伝えるために、例えば建築写真では被写体を画面中央に置く構図を基本として、その姿を的確に捉え、余分な装飾的表現をできるだけ排しており、主題が明瞭でわかりやすい。このため現代の我々にとっては失われた姿を知ることのできる画像資料としてその価値は高いといえる。

日本人と浮世絵

　知らない土地の風景を画像として見る

図2 『溜池の落し口』（横浜開港資料館蔵）
フェリーチェ・ベアト撮影。左手に佐賀藩中屋敷。手前は汐留川。

手段は、写真の技術が生まれる以前は、絵画であった。日本においては葛飾北斎や歌川広重に代表される浮世絵が庶民の人気を得ていた。風景を描く絵画には水墨画などもあるが、当時の庶民にとって最も親しまれた風景画は「名所絵」であったといえる。

浮世絵には、「図柄がはっきりしている」「構図が大胆」「現実離れした誇張（表現）がある」などの特徴がある。これらは後に西洋画壇に大きな影響を与えたことはよく知られているが、写真という画像が日本に伝わる以前に、日本人には浮世絵の感性で風景画像を見るというスタイルが身についていたということができる。

図1は二代歌川広重による『江戸名所四十八景　葵坂』である。中央の堂々とした滝は、江戸城外堀の一部であった赤坂溜池の落し口である。

図2は同じ場所をベアトが撮影したものである。二つを比べてみると、浮世絵では滝が実際より大きく描かれ、また、手前の道行く人々を描くために奥行きを詰めたことによって、左手の葵坂がより急坂に描かれていることがわかる。

主に外国人向けに撮影されたベアトの写真を当時の日本人が見る機会は少ないと思われるが、名所を浮世絵で見ることに慣れた人々がこの写真を見たとしたら、現実をありのままに写し取る写真をどう感じたか興味深い所ではある。

ベアトら外国人写真師の風景写真は、日本人が持つ浮世絵の感性とは異なる新しい風景の画像を示したといえる。西洋の写真という新しい技術を学んだ当時の日本人写真師も、当然そうした見方の影響を受けたと思われるが、現代に伝わる古写真には、日本人が持つ浮世絵の感性との融合を感じさせる作品も見ることができる。

古写真に見る浮世絵の感性

日本の古写真の中には、浮世絵の画面構成部品である「題箋」を転用して写真画面に組み込んだものや、他の写真から取り出した人物を実際より小さくしてはめ込んで現実離れした誇張によって制作された写真が存在する（注一）。

写真は目の前の現実をそのまま画像にする技術であり、浮世絵の遠近感をそのまま写真にすることは不可能である。その遠近感をモンタージュによって表現した方法や題箋を付けた画像は、明らかに浮世絵の画面構成を意識したものであろう。これは浮世絵の存在を知る外国人に販売するために製作されたもので、諸外国から見た「日本と浮世絵の関係」の深さをうかがわせるも

147

A 240 MUKOJIMA TOKIO

図3 『江戸名所百景 真乳山山谷堀夜景』(国立国会図書館蔵)
歌川広重。

図4 「向島より今戸橋を望む」(港区立港郷土資料館蔵)
撮影者不詳。

のといえる。ただし、これらは浮世絵の構造を模したのであって、浮世絵の感性で撮られたというわけではないだろう。本稿では写真を撮影する際の写真師の視点にあったであろう浮世絵の影響を探りたい。

図3は歌川広重による『名所江戸百景』のうち「真乳山山谷堀夜景」である。隅田川の左岸、向島から対岸の今戸を描いたもので、両岸は「竹屋の渡し」によって結ばれていた。手前に粋な芸者を大きく配し、足元を照らす提灯がわずかに見える。右手の樹木が画面上部を左に伸び、対岸の小高い丘は待乳山聖天社、今戸橋の右手は料理茶屋「有明楼」である。大胆な構図とはっきりした図柄は浮世絵の真骨頂ともいえる。

図4は同じ場所の写真である。図3と比べてみると、立ち姿の女性を主題とする縦図版と長い持ち手のある人力車が前景である横図版の違いはあるが、その構図は非常によく似ている。写真では、芸者が人力車と車夫に変わっているが、車夫が対岸を見つめていることから、客である芸者を待つかのようにも見え、かえって『誰が袖図屏風』のような艶っぽさと情緒を感じさせる。

図5 『名所江戸百景 浅草川首尾の松御厩河岸』歌川広重。
（国立国会図書館蔵）

図5は、『名所江戸百景』のうちの「浅草川首尾の松御厩河岸」である。画面左上から延びる松が「首尾の松」で隅田川を柳橋から吉原に向かう目印となっていた。奥が両国橋方向である。左手前に大きく描かれた屋形船には女性の影が映り、情緒を醸し出している。

図6は浮世絵とほぼ同じ地点で撮影されたもので、手前の樹木が「首尾の松」である。左に伸びた松の枝の奥に両国橋が配され、画面の奥行きを作り出している。枝の下に船の舳先が見え、手前に配して松の枝を有効に使った構図が共通する点は興味深い。どちらの写真も明治三十年代の撮影と思われ、撮影者は不詳であるが、共に浮世絵の感性を強く感じられるのではないだろうか。

写真が日本に伝えられ、日本人写真師も数多く誕生し、優れた写真も残されてきた。古写真に浮世絵の感性を見出すことは、鑑賞者の主観による部分が大きく、誰もが同じように感じられるわけではないだろう。しかし、同じ場所や類似した主題の古写真と浮世絵を比較することで、当時の絵師や写真師の感覚あるいは香りのようなものが受け取れることは先に確認したとおりである。

このように同時代に制作された異種の画像を比較することは、新たな楽しみ方であり、今後このような研究が深められていくことだろう。

図6「両国橋遠景」（港区立港郷土資料館蔵）
撮影者不詳。

注1　三井圭司「幕末〜明治中期の写真文化に関する一考察」『知られざる日本写真開拓史　夜明けまえ　四国・九州・沖縄編』研究報告書　長崎歴史文化博物館 2011
参考文献
『F．ベアト幕末日本写真集』横浜開港資料館 1987　『港区立港郷土資料館所蔵　幕末・明治期古写真集　〜名所・旧跡、そして人びと〜』港区教育委員会 2013

【凡例】
1.掲載した外国人カメラマンは、本誌に写真が紹介された人物、写真史を解説する上で必要な人物から選出した。
2.外国人名は慣用の読みに従った。
3.年表記は旧暦、新暦をアラビア数字とする。

パリの写真館で文化人・芸術家をおもに撮影した。また、気球に乗ってパリ郊外を撮影したことで有名。1862年、竹内保徳を正使とした文久遣欧使節（第一回遣欧使節）団を撮影した。1864年には池田長発、河津祐邦など横浜鎖港談判使節団（第二回遣欧使節）も撮影している。

ミルトン・ミラー
(Milton Miller)（1830-1899）アメリカ。
香港を拠点として活躍した写真師。1862年、文久遣欧使節（第一回遣欧使節）の副使松平康直や目付京極高朗を撮影する。ミラーは香港の写場だけでなく長崎の出島を訪問して撮影を行っている。

ヴァーノン・ヒース
(Vernon Heath)（1819-1895）イギリス。

レオニダ・カルデシィ
(Leonida Caldesi)（1823-1891）イタリア
政治亡命者として1850年頃イギリスへ渡り、美術品の写真を専門として名声を高めた。

ウィリアム・シュー
（生没年不明）アメリカ。
1860年、勝海舟・鈴木長吉・福沢諭吉などが遣米使節団として咸臨丸で渡米した際、彼らをサンフランシスコで撮影した。福沢諭吉の写真は唇や頬などが薄く紅色に着色されている。

サットン大佐
(F. W. Sutton)（生没年不明）イギリス。
1867年（慶応3）、徳川慶喜は英仏米蘭公使に兵庫開港を伝える。英国公使H・パークスらと会見した後、英国軍艦サーペント号機関長サットン大佐が慶喜を撮影した。この会見の様子は英国にも伝えられ、ザ・イラストレイテッド・ロンドン・ニューズ《The Illustrated London News》に口絵入りで掲載された。

ディスデリ
(André-Adolphe-Eugène Disdéri)（1819-1890頃）フランス。
1854年、ディスデリは1枚の印画紙に8～12コマの写真を印刷する技法の特許を取得。名刺版写真の史上最初の特許。この技法は写真の大量生産を可能にした。1867年、徳川昭武をパリ万博参加の時に撮影した。

マシュー・ブラディ
(Mathew Brady)（1822-1896）アメリカ。
写真家。1861-65年のアメリカ南北戦争に助手とともに北軍に従軍し、3500枚以上もの写真を撮影する。また、ジョン・カルフーンの体とエイブラハム・リンカーンの座っている顔部分を繋ぎ合わせ、立っているリンカーン像を制作した。

アレクサンドル・モジャイスキー
(Alexander Fedorovich Mozhayskiy)（1825-1890）ロシア。
海軍士官、発明家。1854年（嘉永7）、モジャイスキーはディアナ号に乗って下田に来航。安政東海地震による津波でディアナ号は大破、修理のため戸田への回航中に嵐に遭い宮島村沖で沈没。モジャイスキーの設計の下、帰国用の帆船を建造した。モジャイスキーの指導の下、日本初の外洋帆船として建造された船は、プチャーチンによりヘダ号と名付けられた。

H．R．マークス
(H. R. Marks)（1821‐1902）アメリカ。
サンフランシスコへ難破救助された仙太郎、浜田彦蔵など栄力丸の乗組員を撮影した。

マリア・ヒレー
(Maria Hille)（1827-1893）オランダ。

チャールズ・パーカー
(Charles Parker)（生没年不明）イギリス。
1863年頃に香港から来日したイギリス人写真師。横浜拠点にスタジオを開業。横浜、大阪、神戸の風景や薩英戦争の戦況などを撮影する。

ジョン・ディケンソン
(John Dickinson)（1782-1869）イギリス。
発明家、実業家。1809年抄紙機械の設計の特許を取得し、製紙工場を購入。工場内の機械を自分の設計した機械に置き換えた。

ウィリアム・キニンモンド・バートン
(William Kinninmond Burton)（1856-1899）イギリス。
「W．K．バルトン」とも。1887年（明治20）、内務省衛生局の「お雇い外国人技師」として来日。技師として上下水道技師を育てるとともに凌雲閣（浅草十二階）の基本設計を行う。来日前よりカメラや写真の知識があったため、日本で写真撮影に関する本も出版。1888年の磐梯山噴火、1891年の濃尾地震の惨状を撮影した。

ジョン・ミルン
(John Milne)（1849-1913）イギリス。
地震学者。1876年(明治9)、工部省工学寮に招へいされ来日。地質学・鉱山学を講じる。日本地震学会を創立し、その主導者として地震学の発展に尽す。1892年『THE GREAT EARTHQUAKE OF JAPAN』（濃尾地震の惨状の写真集）をウィリアム・K・バートンとの共著で出版した。

ジョン・レディ・ブラック
(John Reddie Black)（1826-1880）イギリス。
1863年（文久3）、横浜でイギリス人ハンサード（A. W. Hansard）が発刊した週刊英字紙《The Japan Herald》の共同編集人となる。1867年（慶応3）年、日刊英字紙《The Japan Gazette》を、1870年(明治3)、写真入りの新聞ファー・イースト《The Far East》を発刊する。1879年には代表的著作『ヤング・ジャパン』上下二巻を執筆。

外国人カメラマンのプロフィール

作成／天野圭悟（写真研究家）

フェリーチェ・ベアト
（Felice Beato）（1832-1909）イギリス。
クリミア戦争、セポイの乱、アロー号事件等を取材撮影の後、1863年（文久3）春頃に来日。横浜に移住し、多くの日本人写真師に深く影響を与えた。1884年（明治17）日本を出国、イギリス軍のスーダン遠征に参加して写真を撮影する。晩年はイギリス領であったビルマ（ミャンマー）で暮らした。

ライムント・フォン・シュティルフリート
（Raimund Freiherr von Stillfried）（1839-1911）オーストリア。
1869年（明治2）、横浜でフェリーチェ・ベアトから写真術を学ぶ。1871年、シュティルフリート商事（Stillfried & Co.）というスタジオを開設。1875年、ヘルマン・アンデルセンとの共同経営となりシュティルフリート・アンド・アンデルセン（Stillfried & Andersen）となる。1877年ベアトのスタジオを買収。

アドルフォ・ファルサーリ
（Adolfo Farsari）（1841-1898）イタリア。
1873年（明治6）頃から横浜を活動拠点とし、E. A. サージェント（E. A. Sargent）とサージェント＝ファルサーリ商会（Sargent, Farsari & Co.）を設立して観光写真などを扱う。その後、ファルサーリ商会（A. Farsari & Co..）を設立。ファルサーリ商会は日本における商業写真の発展に著しい貢献を果たす。1883年に独学で写真術を学び、1885年にはシュティルフリート・アンド・アンデルセンスタジオを買収する。

ピエール・ロシエ
（Pierre Joseph Rossier）（1829-1872）スイス。
1859年（安政6）、日本を被写体とした最初の商業写真を撮影する。翌年ネグレッティ＆ザンブラ社より発売された。また、長崎にて上野彦馬、堀江鍬次郎、前田玄三などへコロジオン湿板写真を教えた。

ジャック＝フィリップ・ポトー
（Jacques-Philippe Potteau）（1809-1876）フランス。
博物学者。ポトーは写真師ではなかったが写真の教育を受けており、博物館を説得してパリの植物園内にスタジオを作らせた。そのスタジオでは様々な人種を記録撮影し「人類学コレクション」の収集に取り掛る。1862年、日本人を撮影することになり、福沢諭吉など文久遣欧使節団を撮影した。

アントニオ・ベアト
（Antonio Beato）（？-1906頃）イギリス。
フェリーチェ・ベアトの兄。1860年頃からカイロ、ルクソールに写真館を開いた。1863年（文久3）末に日本を出発した池田筑後守発を正使とする第2回遣欧使節団をエジプトのスフィンクスの前で記念撮影した写真師。

エリファレット・ブラウン・ジュニア
（Eliphalet Brown Jr.）（1816-1886）アメリカ。
1853年（嘉永6）、ペリー提督の率いるアメリカ東インド艦隊が琉球那覇に来航。同乗していたエリファレット・ブラウン・ジュニアは、島民や風景を撮影する。翌年再来日の際も公式カメラマンとして来日。浦賀、横浜、下田、函館などを回り、ダゲレオタイプで田中光儀などを撮影した。

オーリン・フリーマン
（Orrin Erastus Freeman）（1830-1866）アメリカ。
1860年（万延元）、横浜居留地で生活を始める。横浜では商業写真スタジオを開設し、オーリン・フリーマンは日本で最初の営業写真館を開いた西洋人となる。翌年、鵜飼玉川がフリーマンの機材を購入し、日本人で最初の商業写真スタジオを開設した。

ジョン・ウィルソン
（John Wilson）（1816-1868）アメリカ。
商人・写真家・船乗りの顔を持つ人物で、後にプロイセンの使節団に雇用され、江戸と横浜で撮影を行った。1861年（文久元）、帰国する際に写真機一式を下岡蓮杖に譲る。

グロ男爵
（Jean-Baptiste Louis Gros）（1793-1870）フランス。
フランスの大使、外交官。ジャン・バティスト・ルイ・グロ男爵は、アテネ、ロンドンで大使を務めるかたわらダゲレオタイプの写真師として活躍。1857年と1858年には日本と清国に外交使節として派遣されている。多くのダゲレオタイプを撮影しているが、有名なものとしてアテナイ（ギリシャ）のアクロポリスを撮影したものがある。

ウィリアム・ソンダース
（William Saunders）（1832-1893）イギリス。
1862年（文久2）、上海を活動拠点としていたソンダースが来日。横浜を拠点に横浜・江戸・鎌倉などを撮影する。横浜全景を撮影した作品は『ザ・イラストレイテッド・ロンドン・ニューズ』（The Illustrated London News）に版画として収録されている。

ミハエル・モーザー
（Michael Moser）（1853-1912）オーストリア。
1869年（明治2）、ヴィルヘルム・バーガーの助手として来日。1870年、17歳で写真活動を始める。横浜に定住し、新聞ファー・イースト《The Far East》を発刊したジョン・レディ・ブラックと出会う。ブラックはモーザーをカメラマンとして雇った。ファー・イーストにはブラック、モーザー、バーガー撮影の写真が多く紙面にかざられた。

フェリックス・ナダール
（Félix Nadar、Gaspard-Félix Tournachon）（1820-1910）フランス。

西暦	和暦	場所等	事　柄
1871	明治4年	技法の発明	リチャード・リーチ・マードックス（Richard L. Maddox）（1816〜1902） ゼラチン乾板方式を発明。覆水性の高いゼラチン層をガラス板にコートしたため、誰でも撮影前に原板を準備しておくことが可能になった。
1873	明治6年	日本	アドルフォ・ファルサーリ（Adolfo Farsari）（1841〜1898） 横浜を活動拠点とし、E.A.サージェント（E.A. Sargent）とサージェント＝ファルサーリ商会（Sargent, Farsari & Co.）を設立して観光写真などを扱う。その後、ファルサーリ商会（A. Farsari & Co.,）を設立。 1883年に独学で写真術を学びだした。1885年にはシュティルフリート・アンド・アンデルゼンスタジオを買収する。
		技法の発明	ウィリアム・ウィリス（William Willis）（1841〜1923） プラチナプリントの特許を取得。他の金属に比べて安定しているプラチナという金属を使用した印画方法。 画像が退色しにくく、色調の階調が豊かなので深みのある格調高い画像を作ることができるのが特徴。
1879	明治12年	世界	I・W・テイラー（I.W. Taber）（1830〜1912） サンフランシスコにおいて、二代目鈴木真一（岡本圭三）（1855〜1912）を日本人初の写真師見習いとして受け入れる。
		技法の発明	ジョセフ・スワン（Joseph W. Swan）（1828〜1914） 乾板製作機械の特許を取得。マードックスの発明より10年、乾板は工場生産され、簡単に購入できるものになる。
1880	明治13年	日本	日下部金兵衛（1841〜1932） フェリーチェ・ベアトの彩色師であり助手であった日下部金兵衛が写場を開く。
1887	明治20年	日本	ウィリアム・キニンモンド・バートン（William Kinninmond Burton）（1856〜1899） 「W.K.バルトン」とも。内務省衛生局のお雇い外国人技師として来日。来日前よりカメラや写真の知識があったため、日本で写真撮影に関する本も出版する。1888年の磐梯山噴火、1891年の濃尾地震の惨状を撮影した。1889年には日本写真協会（The Photographic Society of Japan）を小川一真（1860〜1929）らと共に設立。
1892	明治25年	日本	ジョン・ミルン（John Milne）（1849〜1913）／ウィリアム・キニンモンド・バートン（William Kinninmond Burton）（1856〜1899） 岐阜県を中心に壊滅的被害を与えた大地震の写真集、『グレート・アースクエイク・オブ・ジャパン』（The Great Earthquake of Japan）を出版。
1904	明治37年	技法の発明	オーギュスト・ルミエール（Auguste Lumière）（1862〜1954）／ルイ・ルミエール（Louis Lumière）（1864〜1948） ルミエール兄弟が、最初の実用的なカラーの写真のプロセス-オートクロームの特許を取得。

西暦	和暦	場所等	事　柄
1862	文久2年	日本	アントニウス・フランシスカス・ボードウィン（Anthonius Franciscus Bauduin）（1820～1885） 弟のアルベルト・ボードウィンの働きかけにより来日。長崎養生所（精得館）の教頭になる。長崎の街や人物を自ら撮影するとともに、日本の写真を収集しアルバムにして残す。 ウィリアム・ソンダース（William Saunders）（1832～1893） 上海を活動拠点としていた、ソンダースが来日。横浜を拠点に横浜・江戸・鎌倉などを撮影する。横浜全景を撮影した作品は『ザ・イラストレイテッド・ロンドン・ニューズ』（The Illustrated London News）に版画として収録される。 下岡蓮杖（1823～1914） 横浜のジョン・ウィルソンが使用していた部屋を写場として開業。 上野彦馬（1838～1904） 長崎で上野彦馬撮影局を開業。
		世界	ナダール（Félix Nadar、Gaspard-Félix Tournachon）（1820～1910） ナダールがパリにおいて文久遣欧使節（第一回遣欧使節）団を撮影した。1864年には池田長発、河津祐邦など横浜鎖港談判使節団（第二回遣欧使節）も撮影している。
1863	文久3年	日本	フェリーチェ・ベアト（Felice Beato）（1834～1909） クリミア戦争、セポイの乱、アロー号事件等を取材撮影の後、1863年春頃に来日。横浜に移住し、1861年からそこに住んでいたチャールズ・ワーグマンと共に1864年「Beato & Wirgman, Artists and Photographers」を設立し1867年まで共同経営をする。1870年には「F. Beato & Co., Photographers」を設立。1877年シュティルフリート・アンド・アンデルゼンにスタジオ、機材一切を譲渡、写真から離れる。1884年日本を出国。 チャールズ・パーカー（Charles Parker）（生没年不明） イギリス人写真家。横浜拠点にスタジオを開業。
1869	明治2年	日本	ライムント・フォン・シュティルフリート（Raimund Freiherr von Stillfried-Ratenicz）（1839～1911） 横浜でフェリーチェ・ベアトから写真術を学ぶ。1871年、シュティルフリート商事（Stillfried & Co.）というスタジオを開設。 1875年、ヘルマン・アンデルゼンとの共同経営となりシュティルフリート・アンド・アンデルゼン（Stillfried & Andersen）となる。 1877年ベアトのスタジオを買収。
1870	明治3年	日本	ジョン・レディ・ブラック（John R. Black）（1826～1880） 横浜で写真入りの新聞『ファー・イースト』の発刊。

【凡例】
1. 「Selected Chronology PHOTOGRAPHY」の書名「写真事歴」「函館毎日新聞」（大正元年10月25日付）を参考に制作した。
ただし、他の史料や研究によって誤りが明らかとなっている事項は修正して記載した。
2. 外国人名は慣用の読みに従った。
3. 年表記は旧暦、新暦をアラビア数字とする。

西暦	和暦	場所等	事　柄
1853	嘉永6年	日本	エリファレット・ブラウン・ジュニア（Eliphalet Brown Jr.）（1816～1886） ペリー提督率いるアメリカ東インド艦隊が琉球那覇に来航。同乗していたエリファレット・ブラウン・ジュニアは、島民や風景をダゲレオタイプで撮影する。翌年再来日の際も公式カメラマンとして来日。浦賀、横浜、下田、函館などを回り、ダゲレオタイプで田中光儀などを撮影した。
1854	安政元年	技法の発明	アンドレ・アドルフ・ウジェーヌ・ディスデリ（André-Adolphe-Eugène Disdéri）（1819～1890頃） 一度の撮影で名刺判写真が8枚から12枚の撮影ができるカメラの特許を取得した。
1856	安政3年	日本	ヘンリー・ヒュースケン（Henry Heusken）（1832～1861） 下岡蓮杖（1823～1914）にカメラや三脚の形、撮影、現像の様子などを教える。
1857	安政4年	日本	ポンペ・ファン・メールデルフォールト（Johannes Lijdius Catharinus Pompe van Meerdervoort）（1829～1908） 長崎西役所で松本良順らに物理、化学、植物学を教える。文久元（1861）年に長崎養生所と長崎医学所を完成させた。養生所の初代教頭となる。 湿板写真の研究をポンペのもとで勉強していた上野彦馬と共に行う。
1858	安政5年	日本	ゼレンスキー（生没年不明） ロシア人医師。ロシア領事と共に来日、函館に居住する。田本研造を治療したことが契機となり、田本研造に写真術を教える。
1859	安政6年	日本	ピエール・ジョセフ・ロシエ（Pierre Joseph Rossier）（1829～1872） 日本を被写体とした最初の商業的写真を撮影する。翌年ネグレッティ＆ザンブラ社より発売された。 また、長崎にて上野彦馬、堀江鍬次郎、前田玄三などへコロジオン湿板写真を教える。
1860	万延元年	日本	オーリン・E・フリーマン（Orrin Erastus Freeman）（1830～1866） 横浜居留地で生活を始める。オーリン・E・フリーマンは商業写真スタジオを開設した最初の西洋人となる。 翌年、鵜飼玉川（1807～1887）がフリーマンの機材を購入し、写真師として日本で最初の商業写真スタジオを開設する。
		世界	中浜万次郎（ジョン万次郎）（1827～1898） 日米修好通商条約の批准書を交換するため、遣米使節団の一員として、咸臨丸に乗りアメリカに渡る。アメリカにて遣米使節団は肖像写真を撮影する。帰国の際に湿板写真機一式を購入した。
1861	文久元年	日本	ジョン・ウィルソン（John Wilson）（1816～1868） アメリカ人写真家。帰国の際に写真機一式を下岡蓮杖に譲る。

156

外国人カメラマンの日本初期写真史年表

作成／**天野圭悟**（写真研究家）

西暦	和暦	場所等	事　柄
1827	文政10年	技法の発明	ジョセフ・ニセフォール・ニエプス（Joseph Nicéphore Niépce）（1765～1833）研究室の窓からの眺めをヘリオグラフィーにより撮影。世界初の写真制作に成功。
1835	天保6年	技法の発明	ウイリアム・ヘンリー・フォックス・タルボット（William Henry Fox Talbot）（1800～1877） 単塩紙を発明。食塩水を染みこませた紙に硝酸銀を反応させて、感光紙を制作した。後にカロタイプの印画紙となった。
1839	天保10年	技法の発明	ルイ・ジャック・マンデ・ダゲール（Louis Jacques Mandé Daguerre）（1787～1851）ダゲレオタイプの発表。1837年、銀メッキされた板を水銀蒸気によって現像することで画像を作成に成功したダゲールの技法を、1839年8月19日にフランス政府が公表。世界最初の実用的な写真術となる。
1841	天保12年	技法の発明	ウイリアム・ヘンリー・フォックス・タルボット（William Henry Fox Talbot）（1800～1877）カロタイプの特許を取得。紙をベースにしたネガ・ポジ方式による写真術。カロタイプではこれまで容易に出来なかった写真の複製が可能になる。単塩紙をカメラに装着して撮影をしたのち現像してネガを作成、それを印画紙に密着させてポジをつくる。
1842	天保13年	技法の発明	ジョン・フレデリック・ウィリアム・ハーシェル（John Frederick William Herschel）（1792～1871） サイアノタイプの発明。塩化鉄の反応で青くきれいな画像ができるのが特徴で、自分の書いたものを安価で簡単にコピーする方法として発明した。
1848	嘉永元年	日本	上野俊之丞（1791～1852）　カメラ機材一式を輸入する。
1850	嘉永3年	技法の発明	ルイ・デジレ・ブランカール・エヴラール（Louis Désiré Blanquart-Evrard）（1802～1872） 鶏卵紙の発明。ゼラチンシルバープリントが発明されるまで一番普及した印画紙。卵白を塗布した紙に硝酸銀溶液を塗り、感光性を与えた印画紙。ネガと印画紙を密着させ、太陽光で焼き付けると画像が現れる。 「横浜写真」と呼ばれる外国人観光客相手に売られた写真の中には、こうして作られた写真の上に手彩色がほどこされたものがあった。
1851	嘉永4年	世界	H. R. マークス（H. R. Marks）（1821～1902） サンフランシスコで難破救助された仙太郎、浜田彦蔵など栄力丸の乗組員を撮影した。
		技法の発明	フレデリック・スコット・アーチャー（Frederick Scott Archer）（1813～1857）コロディオン湿板方式を発表。ネガを作るためガラス板に感光剤となるコロディオンと硝酸銀を引き、それを乾燥させないうちに撮影と現像をする。露光時間は数秒程度となった。

前田橋関門（横浜開港資料館蔵）

フィリップ・グローバー（Philip Glover）
オックスフォード大学卒業。ピット・リヴァース博物館写真部門学芸員、ロンドン大学史学研究所研究員を経て現職。広範囲にわたる書誌研究を行い、『オックスフォード国書辞典（Oxford Dictionary of National Biography）』の編纂にも関わる。近年の展覧会にジョン・ヒラーズ、キャロリン・ドレイク、マグナムのピーター・マロー等があり、広い視点から写真展を企画。共著に『Wilfred Thesiger in Africa, 2010)』がある。

アリス・ゴーデンカー（Alice Gordenker）
東京在住、在日16年超。米国ミシガン州出身のジャーナリスト。プリンストン大学卒。*The Japan Times*紙にて日本古来から現代までのさまざまな文化を調査する記事を執筆。美術館の展覧会の英訳、NHKの番組台本など手掛ける。近年は、海外の日本の初期写真の調査に力を入れている。

藤井裕子（ふじい　ひろこ）
昭和58年（1983）生まれ。元東京家政大学博物館学芸員。現在、東京家政大学博物館保存論講師。共立女子大学大学院家政学研究科博士後期課程在学。主要な研究テーマは近世、近代の日本の服飾文化史。共著『レンズが撮らえた　150年前の日本』2013年。

松本　健（まつもと　たけし）
昭和28年（1953）、東京生まれ。元港区立港郷土資料館学芸員。慶應義塾大学大学院文学研究科修士課程修了（日本考古学）。古写真における研究テーマは、古写真の撮影地点検証。主な論考は「フェリックス・ベアト撮影『高輪・薩摩屋敷』への疑問－幕末写真の撮影地点についての一考察－」（港区立港郷土資料館研究紀要4：1997)、共著『レンズが撮らえた　150年前の日本』2013年。

天野圭悟（あまの　けいご）
初期写真研究家。昭和48年（1973）、神奈川生まれ。法政大学大学院人文科学研究科修士課程修了。主要な研究テーマは近世文化史。東京都写真美術館インターン中に初期写真研究をはじめ現在に至る。講演会として「日本写真史における長崎」（長崎歴史文化博物館）、共著『レンズが撮らえた　F・ベアトの幕末』2012年、『レンズが撮らえた　上野彦馬の世界』2012年ほか。

監修・編集・著者紹介

■監修
小沢健志（おざわ　たけし）
大正14年（1925）生まれ。東京国立文化財研究所技官、九州産業大学大学院教授などを経て現在、日本写真協会名誉顧問、日本写真芸術学会名誉会長。東京都歴史文化財団理事。1990年に日本写真協会賞功労賞を受賞。著書に『日本の写真史』ニッコールクラブ、1986年。『幕末・写真の時代』筑摩書房、1994年。『幕末・明治の写真』筑摩書房、1997年。『写真で見る幕末・明治』世界文化社、2000年。『写真明治の戦争』筑摩書房、2001年。

■編集
三井圭司（みつい　けいし）
東京都写真美術館学芸員。昭和45年（1970）、東京生まれ。日本大学博士課程満期退学。主要な研究テーマは19世紀写真史。主著は『写真の歴史入門―第1部「誕生」新たな視覚のはじまり―』（新潮社、2005年）。2007年より全国の初期写真調査を元にするシリーズ展「夜明けまえ　日本写真開拓史」を担当。「東北・北海道編」2013年。共著『レンズが撮らえた　F・ベアトの幕末』2012年、『レンズが撮らえた　上野彦馬の世界』2012年、『レンズが撮らえた　150年前の日本』2013年ほか。

■著者
斎藤多喜夫（さいとう　たきお）
1947年、横浜市生まれ。東京都立大学大学院修士課程修了。横浜開港資料館・横浜都市発展記念館元調査研究員。主要な研究テーマは幕末・明治時代の外国人居留地と異文化交流の歴史。著書に『横浜外国人墓地に眠る人々』（有隣堂）、『幕末明治　横浜写真館物語』（吉川弘文館）、共著に『F.ベアト写真集』（明石書店）、『文明開化期の横浜・東京』『彩色アルバム：明治の日本』『100年前の横浜・神奈川』（いずれも有隣堂）がある。

石黒敬章（いしぐろ　けいしょう）
昭和41年テレビ局を2年で退職後フリー。新しいこと面白いことが好きで、様々な展示会やイベントを手掛け、広告業、西洋骨董屋、画商、随筆家、ユーモア発明家など様々なことに首を突っ込む。現在は古写真収集家でゆうもあくらぶ副会長。

レンズが撮らえた 外国人カメラマンの見た 幕末日本Ⅰ《永久保存版》

2014年8月15日　第1版第1刷印刷　2014年8月25日　第1版第1刷発行

監　修　小沢健志
編　集　三井圭司
発行者　野澤伸平
発行所　株式会社　山川出版社
　　　　〒101-0047　東京都千代田区内神田1-13-13
　　　　電話　03(3293)8131（営業）　03(3293)1802（編集）
　　　　http://www.yamakawa.co.jp/
　　　　振替　00120-9-43993
企画・編集　山川図書出版株式会社
印刷所　半七写真印刷工業株式会社
製本所　株式会社　宮田製本所

© 山川出版社 2014　Printed in Japan　ISBN978-4-634-15065-2

・造本には十分注意しておりますが、万一、落丁・乱丁などがございましたら、小社営業部宛にお送りください。送料小社負担にてお取り替えいたします。
・定価はカバー・帯に表示してあります。